河北省文物精华丛书

张家口古陶瓷集萃

张家口市文物考古研究所　编著

科学出版社

北京

内 容 简 介

　　本书是张家口地区古陶瓷的图录，收录了从新石器时代到明清时期的陶瓷精品180件，为研究该地区陶瓷的历史发展、工艺风格、艺术价值提供了重要的资料。

　　本书可供考古学、博物馆学、陶瓷史、美术史等相关专业的研究者以及收藏鉴赏爱好者参考、阅读。

图书在版编目（CIP）数据

张家口古陶瓷集萃／张家口市文物考古研究所编著． — 北京：科学出版社，2008

（河北省文物精华丛书）

ISBN 978-7-03-021429-4

Ⅰ.张… Ⅱ.张… Ⅲ.古代陶瓷－张家口市－图录

Ⅳ.K876.32

中国版本图书馆 CIP 数据核字（2008）第 037581 号

责任编辑：孙　莉　曹明明／封面设计：王　浩
责任印制：赵德静

斜 学 出 版 社 出版
北京东黄城根北街 16 号
邮政编码：100717
http://www.sciencep.com

北京市京津彩印有限公司印刷
科学出版社发行　各地新华书店经销

*

2008 年 5 月第 一 版　　　开本：889 × 1194　1/16
2008 年 5 月第一次印刷　　印张：13 3/4
印数：1—2 800　　　　　　字数：340 000

定价：238.00 元
（如有印装质量问题，我社负责调换＜京津＞）

The Series of Hebei Province Cultural Relics

The Collection of Ceramic Art Unearthed in Zhangjiakou

Institute of Archaeology and Cultural Relics of Zhangjiakou

Science Press
Beijing

序　言

　　河北北部重镇张家口市，地处内蒙古高原和华北平原的过渡地带，历来是北方系统文化和中原系统文化折冲交往的前哨阵地，在我国历史发展过程中占有特殊的地位，发挥过特殊的作用。1982年8月，时任中国考古学会副理事长的苏秉琦先生在蔚县三关考古工地座谈会上，谈及当地发现的新石器时代龙鳞纹与花卉纹彩陶共生现象时，曾形象地指出："张家口是中原与北方文化接触的'三岔口'，又是北方与中原文化交流的双向通道。"时隔一年，即1983年7月，苏先生又在辽宁朝阳发起召开"燕山南北、长城地带考古座谈会"，他在谈到包括张家口地区在内的长城地带的文化特点时又明确地告诉我们"它的文化发展的规律性突出表现在：同一时代有不同的文化交错存在，不同的群体在这里交错。这里的红山文化、夏家店下层文化和燕文化，三者在空间上大体吻合，在文化传统上若断若续。尽管变化很大，但又有一些相对稳定的因素。这恰恰是这个地区在它的发展过程中甚为突出的一点……不仅秦以前如此，就是以后，从'五胡乱华'到辽、金、元、明、清，许多'重头戏'都是在这个舞台上演出的"。

　　如今在这个舞台上，一幕紧接一幕有声有色的历史话剧的细节，我们可能永远看不到了，但通过考古工作者的努力，通过对历代先民在生产、生活等各种活动中遗留下来的遗迹、遗物的分析研究，仍然可以帮助我们恢复当时历史的概貌和基本轮廓，总结出一些规律性的认识。由张家口市文物局副局长、文物考古研究所研究员兼所长贺勇主编的《张家口古陶瓷集萃》一书，即是帮助大家了解该地区历史发展概貌和规律所作努力的一部分。该书前面的《概述》，以简明的文字交代了张家口市的地理区划、自然环境和历史沿革，一开头就使张家口在读者脑海中有了一个明确的时空定位。而接着对以历史发展为序选出来的180件陶瓷器精品的浅显易懂的介绍，则分别从各个侧面反映了历朝历代的社会生活状况，给人们留下了形象生动的印记。

新石器时代早期，阳原泥河湾于家沟遗址出土的陶片（图1），陶质疏松，造型简单，经热释光测定，距今约1.16万年，是迄今所知华北地区出土的时代最早的陶器制品。它和北京市门头沟东胡林、昌平上宅，河北徐水南庄头等遗址出土的陶器一起，代表了我国新石器时代初始阶段华北地区制陶业的工艺水平和特点，成为由旧石器时代过渡到新石器时代的重要标志之一。

新石器时代晚期，蔚县琵琶咀遗址和三关房址出土的花卉纹彩陶盆（图2）和小口双唇尖底瓶（图3），是主要分布于黄河中、上游地区的仰韶文化庙底沟类型的典型器物。它们在这里出现，表明至迟在距今6500～5500年前，中原文化系统即曾一度播迁至此，与当地以蔚县四十里坡出土的彩绘龙鳞纹圆底双耳罐（图4）为代表的红山文化相交错，成为苏秉琦先生所作"张家口是中原与北方文化系统接触的'三岔口'，又是北方与中原文化交流的双向通道"论断的有力证据。之后，主要继承红山文化而形成的小河沿文化成为包括张家口在内的长城地带的主人，图5至图19分别出土于蔚县三关、涿鹿煤沟梁、阳原姜家梁等遗址的陶双耳罐、高领罐、矮领罐、直领罐、高领壶、双腹盆、深腹盆、彩绘直口盆、彩绘敛口盆、彩绘豆、矮圈足豆、高柄豆、细高柄豆、盆式豆等，构成了小河沿文化的主要器类，也是小河沿文化一度繁荣的证明。小河沿文化是一支非常有活力的文化，除长城地带以外，往南还有更远的分布，在张家口以南的北京昌平雪山、河北保定容城下坡等遗址均发现有小河沿文化的陶器。

新石器时代末期，随着小河沿文化的逐步消失，以图21、22带鋬袋足绳纹鬲、镂空高柄豆为代表的龙山文化占领了这一地区。但时间不长，当历史的车轮转到早期青铜时代，便又为主要和小河沿文化有渊源关系的夏家店下层文化所取代，北方系统文化又进入了一个繁荣期。图24至图29分别出土于蔚县三关、水北、赤城样田双山寨等遗址的彩绘筒形鬲、彩绘高领鬲、磨光黑陶筒形鬲、折肩鬲、彩绘尊、彩绘簋,清楚地反映了当地夏家店下层文化的特点。夏家店下层文化像小河沿文化一样,分布十分广泛,我曾根据不同地区夏家店下层文化的特点将其分为三个不同的类型,分布于张家口宣化盆地壶流河一带的夏家店下层文化以蔚县三关遗址为代表称为壶流河类型,它既有其东北方向夏家店下层文化核心分布区夏家店下层类型的因素,又有来自东边的天津大厂大坨头遗址为代表的大坨头类型的因素,当然也有不见于其他两个类型的当地的因素。夏家店下层文化往南也有较远的分布,在河北保定地区的许多遗址中都可以看到夏家店下层文化的遗迹。夏家店下层文化存在的年代相当于中原地区夏至商代早期,需要指出的是,在夏家店下层文化的晚期,早商文化曾沿太行山东麓一度北上突进到壶流河流域,但很快便退缩回去了。可惜图录没有收录这方面的标本,不得不说是一个遗憾。

商代晚期至西周早期,这里可能是围坊三期文化—张家园上层文化分布的地域,只是遗址较比稀少,没有留下多少遗迹和遗物,其整体面貌如何,知道得并不多。

大约从西周晚期或春秋初,中原系统的燕文化对该地区的影响开始显现出来,图30采集于宣化一带的粗绳纹柱足鬲即可能是该时期燕文化影响下的产物。燕国虽早在西周初年即在今北京房山琉璃河建都,但燕文化真正扩至张家口地区,已经到了战国时期,图31、图34至图39分别出土于赤城、蔚县、涿鹿等地的鼎、鬲、簋、豆、小口壶、方壶等是典型的战国时期燕国墓葬中常见的仿铜陶礼器。不过图33宣化煤建公司墓地出土的夹砂夹蚌红陶鬲则不属于仿铜陶礼器之列,而是一般居址中常见的实用器,这种形制和质地的陶器仅见于燕文化,而不见于中原系统其他封国,是燕文化在长期发展过程中和当地土著文化融合的产物。

汉代,除坝上一些县先后为匈奴、乌桓、鲜卑掌控,大部分已归汉廷所设郡县管辖,是难得的社会较为安定的时期。图40至图51分别出土于宣化、赤城、万全、阳原等地的彩绘陶鼎、壶、盒、熏炉、灶及图52至图60分别出土于宣化、蔚县的陶羊形尊、魁、井、三足奁、匜、绿釉陶灶、圈等，是西汉、东汉时期墓葬中常见的实用器物和模型明器，代表了汉文化的典型特征，而其中图57东汉侍女烤肉图陶灶则生动地再现了当时北方地区居民的生活场景，更是一件难得的艺术珍品。

魏晋南北朝时期，今张家口市行政区划屡屡变化，民族矛盾加剧，社会动荡，至公元386年鲜卑贵族拓跋珪建立北魏，北方始又归统一。这时期留下的文物占迹不多，陶瓷器皿亦甚为少见。

经隋至唐，社会略微安定，张家口坝下各县常有唐墓发现，图61至图65、图73至图80出土于蔚县、赤城、涿鹿、宣化等地的绿釉塔式罐、绿釉凤首壶、绿釉长颈贴花塔式罐、绿釉贴花罐、六铺首高领罐、青釉双系罐、黄釉双系罐、黄褐釉塔形罐、黄釉戳点纹执壶、白釉执壶、白釉碗、绿釉碗等具有鲜明的唐代风格，代表了该地区陶瓷器的水平。

五代十国以后的辽、金、元时期，今张家口地区先后由契丹、女真、蒙古族建立的政权统辖，元中都即建在此地。图66至图72、图85至图124著录的凤首壶等47件陶瓷器是辽、金时期陶瓷器的典型标本，其中宣化下八里辽大安九年（公元1093年）张匡正墓、辽天庆七年（公元1117年）张恭诱墓以及张世本墓出土的黄釉瓜棱腹执壶（图91）、白釉葵口瓜棱腹执壶（图92）、黄釉龙柄碗（图102）、黄釉碗（图103）、白釉葵口碗（图106）、三彩花卉纹折沿盆（图108）、黄釉唾盂（图111）、黄釉花口盏托（图112）等不仅年代明确，而且多是弥足珍贵的精品。图125至图153元代白釉褐彩龙凤纹罐、白釉双系罐、青釉荷叶盖瓜棱罐、影青釉龙柄葫芦形壶、白釉黑彩"王家酒瓶用"款四系瓶，黑及褐釉、黑褐釉梅瓶、天蓝釉碗、青釉菊瓣口碗、青釉刻花花卉纹碗、卵白釉印花云龙纹高足碗、影青釉碗、白釉葵口碗、青釉印花卷云纹花口盘、青釉贴花双鱼洗、白釉黑彩虎纹长方形枕、月白釉三足香炉、影青釉三足炉、影青釉灯盏、白釉点褐彩羊等则是来自全国各大名窑的产品，反映了元帝国国势的强大和全国归于一统的政治局面。

明代，张家口为北方重镇。清代，成为蒙、汉贸易的中心和集散地。图154至图156著录的3件黑褐釉、黑釉罐出自赤城县马营乡车家沟明弘治六年（公元1493年）王俊墓，图157白釉褐彩花卉纹罐出自同一地点明中期王佐将军墓，均为明代同类瓷器的上乘之作。图158至图180其他明清瓷器，虽非官窑产品，但在民窑瓷器中也颇有特色。

瓷器是中国的发明，著录、研究瓷器的著作不胜枚举，历来受到重视和关注。作为瓷器前身的陶器，虽然在我国已有一万多年的历史，但与瓷器相比，受重视的程度却远远不及后者。其实，陶器、瓷器都与人们的生活密切相关，作为古人留下来的遗物，都具有历史、科学和艺术价值，将其放在特定的社会历史背景下来看，它们在历史上都发挥过重要作用。作为观赏和研究对象，瓷器造型别致，釉色莹润，色彩斑斓，艺术性更为突出，因而受到更多人的青睐，可以理解，也无可厚非。但作为研究者而言，却不能因此而忽视陶器，无论陶器在历史上所起的作用，还是在社会生活中使用的广泛性，都不亚于瓷器。在陶瓷研究史上，最早关注陶器的是被尊称为中国考古学之父的李济先生，他在发掘殷墟期间，除研究青铜器，还特别重视对出土陶器的研究，曾专门编辑出版《殷墟陶器图录》，至今仍是研究殷墟和商代晚期考古不可或缺的参考书。新中国建立以后，对陶器情有独钟的是我的学长李文杰先生，他对陶器工艺学做出的研究成果，在考古学界得到一致的肯定和赞赏。贺勇先生在主编的图录中，能将陶器与瓷器同等看待，按时代先后将其编在一起，难能可贵，是值得提倡的。

陶瓷器作为先民留下来的遗物，不是孤立存在的。一般来说，每一件东西都有自己的出土单位。在编辑过程中，作者都基本标明了出土地点，特别是在《概述》中还尽可能交代了出土单位和同出情况，从而为对每件标本的研究提供了更多的信息。这较一些只发表单个器物，而不见出土单位，更不见其共存情况的图录，明显会更为读者所欢迎。

　　能做到这一点,看似简单,实际并不容易,这主要与作者持有什么样的观念有关。作为主编的贺勇先生是受过正规考古训练的,1979年邹衡先生和我作为辅导老师,曾带北京大学历史系考古班76级贺勇他们几位同学到山西翼城、曲沃两县交界处的天马－曲村晋文化遗址实习,白天碰到的、晚上还要仔细拼对复原琢磨分期排队的,几乎都是调查、发掘得来的陶器,而且主要是破碎的陶片。贺勇有过这样的经历,毕业后又长期从事考古研究工作。强调陶器在分期断代研究中的重要性,强调出土单位和共存关系的重要性,已经在他的脑海中牢牢生根,成为他的观念的一部分。因此,在编辑过程中注意及此,也就是很自然的事情了。

　　不过,有一点我还想说一说,本书既然名为《张家口古陶瓷集萃》,似乎就不能仅局限于陶瓷器皿,那些主要的建筑构件,比如元中都出土的各式瓦当,也应该一并收入。瑕不掩瑜,祝贺《张家口古陶瓷集萃》出版,希望张家口市文物考古研究所有更多的成果问世。是为序。

李伯谦

2008 年 2 月 3 日

Preface

As an important town in north Hebei Province, Zhangjiakou is located in a transitional district between Inner Mongolian altiplano and North China Plain. This city is a vaunt-courier of the intercommunion between cultures of northern tradition and Central Plains tradition all through the ages. Zhangjiakou had a specific status in the progression of Chinese history, and also brought special influence into play. Su Bingqi, the present vice Director-General of Chinese Archaeology Academy, had pointed out vividly that Zhangjiakou was not only a junction where Central Plains culture touched the northern culture but also a bidirectional routeway where cultures from north and Central Plains communicated with each other.

In virtue of efforts from archaeologists by now, the general picture and basic figure of history could be rehabilitated via helps from analysis and research on sites and relics left by ancestors during producing and living in past dynasties. *The Collection of Ceramic Art Unearthed in Zhangjiakou* was edited chiefly by HeYong, the deputy director general of the culture Bureau of Zhangjiakou, the superintendent and researcher in Zhangjiakou Archaeology Institute. This book is just a part of efforts to make us understanding the general picture and the rule of the historical development.

In early Neolithic Age, the yellow sandy pottery sherd unearthed in Yujiagou site of Nihewan Basin (Figure 1) is loose in quality and simple in figure. This is the earliest pottery unearthed in North China known by now, about 11,600 BP after thermoluminescence.

In late Neolithic Age, the red pottery basin with black painted stylized flower motif on the belly (Figure 2) and the gray pottery bottle with pointed base, small double-lipped mouth rim (Figure 3) of Miaodigou type in Yangshao culture. They are distributed mostly in the middle and upriver valley of Yellow River. After that period, Xiaoheyan culture which succeeded to Hongshan culture became the domination of Great Wall district, including Zhangjiakou. Main types of potteries and proofs of the flourish of Xiaoheyan culture are showed in Figure 5~Figure 20.

Taking the red pottery tripod container (*li*) with cord marks (Figure 21)and the gray pottery stem dish with impressed radiating streaks on the outer surface (Figure 22) as examples, Longshan culture occupied this area along with the gradually vanishing of Xiaoheyan culture at the last stage of Neolithic Age. Then Longshan culture was replaced by Lower Xiajiadian culture which mainly connected with Xiaoheyan culture. Culture of northern tradition came into another flourish period. Figure 24~Figure 29 indicate characteristics of Lower Xiajiadian culture clearly.

From late Yin dynasty to early Western Zhou dynasty, the third stage of Weifang culture — Upper Zhangjiayuan culture could be distributed in this area. However, there was no more information about the whole picture because few site and relic left here.

Culture of Yan State from Central Plains tradition began to influence this area from the late Western Zhou dynasty or the beginning of Spring and Autumn period probably. The sandy gray pottery *li* with impressed streaks on the belly (Figure 30) could be a result of the influence from culture of Yan State at that time. Figure 31, Figure 34 and Figure 39 are typical copper-imitated potteries for ceremony which could be discovered usually in graves of Yan State in Warring States period.

In Han dynasty, most of this area was dominated by Han Emperor except some counties on the dam were in the control of minorities called Hun (Xiongnu), Wuhuan and Serbi (Xianbei). The society was rarely stable at that time. Figure 40~Figure 51 show some samples of funerary objects usually in graves of Eastern Han dynasty. These samples exemplify the typical characteristics of Han culture.

Because the district of Zhangjiakou was changing repeatedly, there was few site and relic of Wei dynasty and Jin dynasty left.

During Sui dynasty and Tang dynasty, the society was appreciably stable, graves of Tang dynasty were often discovered in counties under the dam of Zhangjiakou. Porcelains in Figure 61~Figure 65 and Figure 73~Figure 80 have a well-defined style of Tang dynasty, exemplifying the making skills in this area.

At the time of Liao dynasty, Jin dynasty and Yuan dynasty after the Five Dynasties, this area was governed by regimes found by minorities called Khitan (Qidan), Nüzhen and Mongolian. The capital of Yuan dynasty was founded there. Mingqi model vase with phoenix head mouth and largely flaked plum motifs originally painted in diverse colors and other forty-six porcelains showed in Figure 66~Figure 72 and Figure 85~Figure 124 are typical samples of Liao dynasty and Jin dynasty. There are productions from famous kilns all over China showed in Figure 125~Figure 153, indicating the strength of Yuan Emperor and the political situation of unification. Zhangjiakou became a significant northern county in Ming dynasty, and a distributing centre of commerce between Mongolian and Han nationality in Qing dynasty. Other porcelains in Figure 158~Figure 180 were not from governmental kilns, but they are still full of features of folk kilns. As the predecessor of porcelains, potteries have a more than 10,000 years history in China, but the former one was regarded far less than the latter one. However, no matter in the historical effect or the universality of social life, potteries are still as important as porcelains.

Here locations of excavations were mainly marked, units of excavation and concomitants were informed as more as possible during the course of edit. As the chief editor, HeYong was trained strictly on Archaeology and engaged in archaeological research after graduation. Emphasizing the importance of potteries in research on the chronicle, units of excavations and the relation of coexistence are firmly rooted in his mind. Consequently it is natural to him to regard these points during editing.

If this book could collect those main construction parts together, it would be better. Anyway, the defects can not obscure the virtues. Congratulations to the publishing of *The Collection of Ceramic Art Unearthed in Zhangjiakou* and hoping that there will be more achievements come out from Zhangjiakou Archaeology Institute.

Li Boqian
2008.2.3

目 录

概　述

　　张家口市位于河北省西北部，地处京、晋、蒙交界处，距离首都北京180公里，自古为北方重镇，有京畿门户和首都的北大门之称。全市总面积为3.7万平方公里，辖7区13县。全境地势西北高，东南低，属蒙古高原向华北平原过渡的中间地带，分为坝上和坝下两个截然不同的自然地理区域。

　　张家口历史悠久，从考古发现可知，驰名中外的阳原泥河湾马圈沟旧石器时代早期遗址，距今已有160多万年的历史。证明了在这块地域上已经有了远古人类生息繁衍，并不断创造着智慧和灿烂的历史文化。

　　张家口陶器起源历史也较为悠久。一般认为，陶器是随着史前人类进入新石器时代的定居生活而出现的,阳原泥河湾于家沟旧石器时代晚期遗址出土的若干陶片夹砂红褐陶、夹砂黄褐陶，陶质较为疏松粗糙，以素面为主，其次是压印纹和划纹，可辨器型为平底器，经热释光测定数据，距今约1.16万年左右，远超过保定徐水南庄头、北京转年等新石器时代早期文化遗存，将我国北方的陶器起源历史向前推进了上千年左右，迄今为止，也是北方地区发现最早的陶片(图1)，在旧石器时代向新石器时代过渡的进程中，曾发挥过重要的作用。为研究我国陶器起源历史，提供了新的不可多得的实物资料。1998年，泥河湾于家沟旧石器时代晚期遗址的发现，被评为"全国十大考古新发现"之一。

　　我市坝上的尚义、张北县分布着具有北方内蒙古草原细石器和仰韶文化共存的遗址；坝下在壶流河、桑干河、永定河流域的蔚县三关（图3、5）、四十里坡（图4）、琵琶嘴（图2）、阳原姜家梁（图12、13、16~19）、涿鹿煤沟梁（图6~11、14、15）、怀来三营遗址等，发现了距今5000年前的仰韶、红山和小河沿文化精美陶器。为我们勾画出一幅远古先民生活的图景，同时反映了当时的社会生活状况和陶器制作水平。

　　张家口龙山时代的陶器相当发达，蔚县庄窠、筛子绫罗、三关、宣化黄土场、怀来官庄遗址，出土了大量精致的陶鬲（图21）、陶甗、陶斝、陶罐、陶盆、陶豆（图22）和陶人形双耳壶（图20）等，从器物观察，文化内涵丰富而独具特色，其陶器制作水平也达到了一定的程度，有着很高的文物价值。

夏、商、周时期，我市为幽州之地，但仍处于北方的边缘，与北方少数民族相邻或杂居，多被史书记载的"鬼方"、"猃狁"游牧部族所占据。蔚县三关、水北和赤城样田出土的夏家店下层文化壶流河类型精美的彩绘和磨光陶鬲（图24～27）、陶篡（图29）、陶尊（图28）就是很好的实证。由于商周奴隶社会的不断发展，其活动范围逐渐达到我市南部诸县，如蔚县庄窠、三关、宣化李大人庄、涿鹿西湘广商代遗址和宣化煤建厂发掘的商周墓葬，均发现了与中原地区相类似的商周时期的生活用品陶器，表明夏商周时期中原地区和冀西北张家口地区的制陶工艺相互交流也较频繁。

春秋、战国时期，张家口市为燕国北境，燕国与在这里生活的山戎部族有着密切的联系，并相互交融生存。从怀来县甘子堡、北辛堡和庞家堡白庙春秋墓葬群出土的文物中，可以看到除一些中原、燕国陶器铜器外，还有大量山戎部族使用的兽首柄青铜短剑、刀和用作佩戴的金项饰、金耳环、铜耳环以及用马、虎、羊、鹿为装饰图案的各式青铜小牌饰等，反映了燕国文化和北方山戎部族文化交流甚为密切。1991年春季，赤城县独石口镇半壁店村民在挖树坑时发现一座战国墓，该墓出土了一组十分珍贵的鼎（图31）、鬲（图34）、小口壶（图38）、篡（图35）、方壶（图39），仿铜燕国陶礼器，其陶器制作工艺水平很高，也表明了封建社会等级礼制已经形成。春秋、战国时期遗物和遗迹在张家口分布很广，发现古墓葬近百处。墓葬发掘的收获，主要有宣化小白阳、怀来县甘子堡、北辛堡春秋墓葬群、蔚县北双涧战国墓、赤城县半壁店战国墓、崇礼县南地战国墓、阳原九沟、宣化区煤建公司战国墓、怀来县北寨战国墓等。

西汉，今尚义、怀安、阳原、蔚县归并州代郡地；康保、沽源为匈奴、乌桓地；张家口市和其余县均属幽州上谷郡（治今怀来县大古城）。

东汉，今坝下怀安、阳原、蔚县属幽州代郡（治今阳高县城）；坝下张家口市和其余县归幽州上谷郡（治今怀来县大古城）；坝上四县为鲜卑、乌桓地。

西汉时期，是张家口历史上最为辉煌的时期，文物遗存十分丰富。新中国成立以来，在阳原三汾沟、蔚县代王城、宣化庙底黄土场、怀来官庄、万全老农湾、北沙城等地发现西汉墓葬共计200余座。从中发掘了阳原三汾沟、怀来官庄、宣化庙底黄土场三处墓地。三汾沟墓地共存有汉墓51座，1985、1997年先后发掘过两次，共发掘大小墓葬14座，出土文物上千件，其中M9就达180件，尤以彩绘陶壶非常美观，但彩绘脱落较为严重（图46、47）。1999年发掘了怀来官庄汉墓15座，墓葬形制可分为长方形土坑竖穴墓和竖穴墓道洞室墓两种。出土完整陶器43件，其中彩绘陶占13件，尤以卷云纹、网格纹和三角纹居多，且较为精美。1985、1987年在宣化庙底黄土场墓葬中出土的彩绘陶壶（图43）、陶盒（图48）、刻三角纹熏炉（图49），应为该时期的代表作，其中刻三角熏

炉，雕镂精细，结构严谨，造型美观，色彩艳丽，显示了我国西汉工艺美术的高度水平。

东汉时期墓葬在我市也分布较为广泛，内涵丰富。1986年发掘了涿鹿矾山五堡东汉墓4座，4座墓共复原出土文物86件，其中陶器84件，有楼、仓、圈、奁、壶、鼎、案、炉、灯、盘等，铜器2件。五堡东汉墓群虽遭严重塌坏，但仍出土了大量有研究价值的文物。1996年蔚县佘家堡出土了一批有价值的东汉文物，有彩绘侍女烤肉图陶灶（图57）、陶兽首魁、陶井、陶彩绘三足奁、陶长方形匣，其中彩绘侍女烤肉图陶灶非常珍贵，人物造型生动，生活气息浓厚，是一幅具有极高艺术价值的精品。另外还有通过正式考古发掘并具有一定研究价值的东汉多室墓有：阳原南关、蔚县埚串堡1号、宣化地院、皇城桥、和平街、支家桥等。充分反映了本地区东汉时期的文化面貌和经济发展状况以及制陶雕塑工艺的水平。

隋代，今尚义、阳原、蔚县属雁门郡（治今灵丘县）；其余县俱属涿郡怀戎县，为燕州地。

唐代，我市归河北道妫州，治怀戎县（今怀来县旧县城），辖永兴（今涿鹿）、文德（今宣化区）、龙门、怀戎四县；今阳原、蔚县属河东道蔚州（治今灵丘）。

五代十国，是唐末地方势力割据的延续，由耶律阿保机建立的契丹国，不断向南扩展势力。后唐时，设武、新、妫、蔚四州。到后晋，石敬瑭于公元936年割燕云十六州于契丹，其中包括我市的新（今涿鹿）、妫（今怀来）、蔚（今蔚县）、武（今宣化）四州，皆时，全市已属辽。

隋代的遗迹和出土文物，发现较少。但唐代的墓葬和出土文物发现较多，也较为集中，主要分布在蔚县和宣化区，阳原县、怀来县、赤城县也有重要发现。1982年蔚县黄梅乡榆涧村农民在村中动土盖房时，发现一座唐代墓葬，该墓葬出土文物16件。有绿釉塔形罐1件、绿釉凤首壶1件、绿釉小铃铛1件、绿釉陶盒1件、铜带扣1件、铜带銙8件、铜铊尾1件等，其中绿釉塔形罐和绿釉凤首壶（图62）造型风格独特、美观古朴、典雅、不乏精品之作，在国内很少发现。1986年和1990年在蔚县九宫口、南洗冀唐墓出土的绿釉塔式罐（图61）、绿釉贴花罐、绿釉长颈贴花塔式罐（图63）也都十分珍贵。另外，经过发掘的并较为重要的墓葬还有蔚县一中、南干渠工地、吕家庄、阳原金家庄、怀来寺湾、宣化区四中、建业小区、支家桥、和平街、郝都司街、赤城北庄村唐墓等。上述这些唐墓的发现对研究北方地区唐代历史文化、民俗文化、陶瓷工艺技术等具有重要意义。五代时期的墓葬资料发现的不多，出土文物也较少。

辽代，我市邻近西京（今大同），大部分归属西京道，蔚县属蔚州；阳原、怀安属大同府弘州；其余均属奉圣州，辖望云、龙门、文德、永兴、怀来诸县，并设可汗州（今怀来），归化州（今宣化）。

金代，由女真族建立的金王朝灭辽后，全市属西京路辖。龙门、（今赤城龙关）、怀来、永兴（今涿鹿）三县归奉圣州，顺圣、襄阴（今阳原）两县归弘州，康保、沽源两县属桓州（今内蒙正蓝旗），宣德州辖宣德县（今宣化）、柔远县（今张北）、宣平县（今万全）。

元代，元王朝的建立，结束了南宋和金长期对立的局面，实现了全国的大统一。我市近邻元大都，故属中书省辖。除怀来县属大都路龙庆州，怀安、尚义、康保、张北属兴和路辖外，其余均属上都路辖地；置弘州、蔚州、奉圣州、云州；辖灵仙、安定（蔚县境内）、顺圣（今阳原）、怀安、宣平（今万全）诸县。

辽代墓葬发现较多，达三十余座，尤其以宣化下八里张氏家族墓葬群最为重要，是辽代考古的重大成果之一。前后通过四次考古发掘，共清理了十二座壁画墓。该墓群为汉人家族墓地，年代多集中在辽代末年大安和天庆之间。墓葬形制有多种，多为带墓道的仿木构穹隆顶单室或双室砖室墓，墓室平面有圆形、方形、六角形和八角形等。其墓室结构复杂，造型独特。这些墓中出土文物500余件，质地有陶、瓷、铜、铁、木、漆、石、丝织品等。最具辽代特色的一批文物应为辽三彩和黄釉瓷器，其中三彩六出口折沿盆（图108）、黄釉瓜棱腹执壶（图91）、黄釉龙柄碗（图102）、黄釉唾盂（图111）、黄釉花口盏托（图112）等均属辽瓷中之精品，具有很高的艺术价值。白釉瓷器中的葵口瓜棱腹执壶（图92）、葵口碗（图106）属定窑系产品，也具有一定的价值。令人瞩目的是还出土了很多保存相当完好的木制男女俑、武士俑、十二生肖俑和桌、椅、榻、箱、盆架、镜架等。宣化下八里辽代壁画墓群的发现，1993年被评为全国十大考古新发现之一。近年来，在我市坝上诸县发现的鸡腿瓶较多，1989年在张北县二泉井乡海子洼村的一个窖藏中就出土了鸡腿瓶多达33件，这可能与契丹族人生活习俗有关。1990年在尚义县甲石河乡圙圙村辽代石棺墓中出土的一批陶瓷器，也较为重要。随葬品中的绿釉鸡冠壶（图68）、乳黄釉带温碗执壶（图67）、黑釉瓷碗、乳白釉瓷罐、瓷唾盂、铁骨朵，均属辽墓中最为常见的典型器物，并富有契丹民族的特色，应为契丹贵族常使用的生活用品。1991年在赤城镇宁堡乡东沟村辽代壁画墓中出土的三彩花卉人物陶枕（图71）、褐釉留白划花瓷枕（图113）、白釉刻花莲瓣纹瓷罐（图85）、越窑青釉划花卷草纹瓷碗（图104）、黄釉长颈瓶，均为少见的珍品。再就是崇礼县文保所收藏的北宋童子抱鹅壶（图82）、怀来县博物馆收藏的辽三彩盘形口罐（图87）、辽白釉刻花碗（图105）、张北县文物局收藏的辽白釉刻花葫芦形壶（图93），也都属宋、辽不多见的文物珍品，为研究当时陶瓷烧造技术水平提供了重要的实物资料。

1978年的全市文物调查，调查人员在蔚县暖泉乡辛孟庄村龙王庙附近，发现辽代古瓷窑一座。窑壁为砖砌，已残，结构和形状不清。残碎瓷片堆积面积为600平方米，堆

积层包含物均为白瓷碎片，器形有壶、盆、碗、盘等，瓷片胎薄质细，有印花和刻缠枝、莲花、牡丹纹等，这是我市首次发现辽代烧制定窑瓷器的古窑址。1990年蔚县博物馆工作人员在文物调查中，于杨庄窠乡瓷窑沟村北发现金、元时期古瓷窑一座。窑壁为砖砌，已残，结构和形状不清。残碎瓷片堆积面积为6000平方米，在堆积层中发现有白釉、黑釉和酱釉瓷片很多，另还发现了白釉刻花瓷片若干，器形有盆、碗、盘和支钉等，应为金、元时期当地民间瓷窑。

金代时期的遗迹和遗物发现较少。经过发掘的墓葬有：宣化下八里张世本、张子行、刘仲德、怀安下王屯、蔚县高院墙、崇礼水晶屯等。其中宣化出土由河北省文物研究所收藏的黑釉剔花缠枝莲纹罐（图120）、白釉褐彩戳印童子舞蹈纹长方形枕（图124）、赤城县博物馆收藏的黑釉剔花花卉纹小口罐（图122）、褐釉刻莲花纹小口罐（图121）和蔚县县医院工地出土的白釉剔花花卉纹罐（图117），均应属金代文物中的精华。

元代有价值的文物是，1989年涿鹿县大堡乡祁家洼村至元二年（公元1336年）史安墓出土的龙泉窑青釉刻花花卉纹碗（图143）、卵白釉印花云龙纹高足碗（图144）、龙泉窑青釉印花卷云纹花口盘（图147）和宣化县崞村镇龙门坡村出土的磁州窑白釉褐彩龙凤纹罐（图126）、龙泉窑青釉菊瓣口碗（图142）、白釉葵口碗，均较为珍贵，另较为珍贵的还有赤城县镇宁堡中所村出土的磁州窑白釉褐彩龙凤纹罐（图125）、赤城县云州乡征集的龙泉窑青釉荷叶盖瓜棱罐（图131）、张北县文物局旧藏品白釉褐彩花卉纹罐（图127）、2005年张北县大庙底工地出土的龙泉窑青釉贴花双鱼洗（图148）、白釉褐彩花卉纹梅瓶（图135）、1985年张北县一中工地出土的影青釉碗（图145）、怀来县博物馆旧藏品白釉黑彩"内府"款梅瓶（图133）、1975年蔚县县城电力局工地出土的影青釉三足炉（图151）、蔚县城内西关外护城河出土的磁州窑白釉黑彩虎纹长方形枕（图149）。这些精品都对北方地区元代瓷器和窑系的研究，提供了可靠的依据。

明代，今全市除蔚县外，皆隶属京师（治顺天府即今北京市）。今坝上诸县初属开平卫之兴和守御千户所（治今张北县），后陷于鞑靼；今怀安、万全、宣化、赤城、阳原等县及怀来县东部和张家口市区均属宣府镇（九边之一）统管，并驻有万全都指挥使司。蔚县另属大同府蔚州地。

清代，于康熙三十五年（公元1696年）将宣府镇改为宣化府（治今宣化城）。我市明长城内侧地域，均属宣化府地，辖保安州（今涿鹿）、蔚州（今蔚县）、万全、怀安、西宁（今阳原）、怀来、宣化和赤城诸县。雍正时，于明长城北地域，先后置口北三厅，即多伦诺尔厅、独石口厅、张家口厅，隶属口北道。

明朝为防蒙古贵族瓦剌和鞑靼各部侵扰北部边境，张家口便成了京师北部边境军事防御的重地，并在长城沿线设置辽东、宣府、大同等九个军事重镇，合称九边。宣化为

宣府镇。明代墓葬主要分布在我市的宣化区、宣化县、蔚县、赤城县、张北县和张家口市区,已抢救性发掘的或发现并有据可查的有兵部尚书郝杰墓、昌平侯宣府总兵杨洪墓、宣大总兵马芳墓、武强伯宣府总兵杨能墓、开平王昭毅将军王铎墓、宣平王朱永墓、都督倪尚忠墓、开平卫昭勇将军王俊墓等160余座。这些墓葬被盗情况非常严重,大部分为早年被盗,未盗的也属寥寥无几,征集到的墓碑和墓志较多,文物则不多,其中1992年赤城县马营乡车家沟明弘治六年(公元1493年)开平卫昭勇将军王俊墓出土的黑褐釉条纹罐(图154)、1992年赤城县马营乡车家沟明代中期王佐将军墓出土的白釉褐彩花卉纹罐、青花缠枝莲纹碗(图160)、1965年宣化县出土由河北省文物研究所收藏的青花人物纹莲子罐(图158)、青花花鸟纹莲子罐(图159)、宣化区文保所收藏的青花松鹤纹方盘(图161)、青花树石栏杆纹盘、蔚县涌泉庄任家涧村出土的褐釉印花提梁壶(图164)以及赤城县云州乡猫峪村征集的青釉镂空器座(图165)等,都应为明代瓷器中的上乘珍品。以上诸多重要发现,对研究北方地区当时的瓷器发展史、社会生活史、军事史及历史沿革等具有一定的意义。

清代,由于封建统治秩序的相对稳定和边境的北移以及战争的逐渐减少,使蒙古各部与内地的联系日益加强,张家口便成为蒙汉贸易的中心和集散地。清代墓葬发现的不多,多数在早年被盗掘,未盗的所剩无几,出土文物则就更少了,多数文物属征集或旧藏品,失出土地点,但仍具有一定的收藏和研究价值。

张家口的瓷器最早始于隋代,本集遴选的唐、五代、宋、辽、金、元、明、清时期的瓷器,主要来自于河北定窑、磁州窑、浙江龙泉窑、江西景德镇窑和河南的钧窑产品,越窑瓷器发现一件,这些著名窑口生产的特色鲜明、种类繁多、工艺先进的瓷器,在不同的阶段和程度上代表了我国瓷器发展的较高水平。张家口未发现著名的古代瓷窑,当地民间瓷窑只发现两座,这些民间瓷窑解决和满足了当地人们日常生活用瓷的需要。

为了反映新中国成立以来张家口文物考古工作的成果,充分展示张家口文物藏品的内涵,弘扬张家口悠久的历史文化,加强张家口文化建设,提高人们热爱文物,保护文物的责任意识,我们以全市各县、区文博单位藏品及参与发掘的出土文物为主,并辅以河北省文物研究所收藏张家口的出土文物和部分征集品,遴选出陶瓷器180件文物精品,结集出版,以飨广大读者。

贺 勇

2008年1月6日

张家口古陶瓷集萃

Summary

As the northwest part of Hebei Province, Zhangjiakou is an interface of Hebei Province, Shanxi Province and Inner Mongolian, 180km far from Beijing. As an important northern town, Zhangjiakou is also called the capital's door. The topography there is high in northwest and low in southeast. This city lies on a middle belt of the transition district between Mongolian altiplano and North China Plain. There are two completely different districts of physical geography, one is on the dam, and the other is under the dam.

Zhangjiakou is a city with long history. According to archaeological discoveries, the well-known site of early Paleolithic Age in Majuangou, is more than 1,600, 000 years old.

There is also a long history of potteries in Zhangjiakou. The yellow sandy pottery sherd unearthed in Yujiagou site of Yangyuan Nihewan Basin of late Paleolithic Age is the earliest one in Northern China about 11,600 BP after thermoluminescence. It played an important role in the process of transition from Paleolithic age to Neolithic age.

There are sites distributing in Shangyi County and Zhangbei County on the dam, and microlithic culture of northern Mongolian prairie and Yangshao culture coexist in these sites. Fine potteries were unearthed from sites named Huliu River, Sanggan River etc. under the dam. They are 5,000 years old. They belong to Yangshao culture, Hongshan culture and Xiaoheyan culture and indicate the social situation and the level of the technique at that time.

Potteries of Longshan Era in Zhangjiakou was pretty flourishing. There were lots of exquisite pottery tripod container (*li*), and pottery ancient cooking utensils (*yan*) unearthed from sites named Zhuangke, Shaizilingluo, Sanguan, etc. in Yu County. Plenty of cultural connotation and unique features can be observed from these potteries and the level of the technique is high.

In Xia dynasty, Yin dynasty and Zhou dynasty, Zhangjikou was still located in the north frontier, neighboring on northern minorities or even living with them together. Exquisite polished pottery tripod container (*li*), pottery *gui* and pottery vat (*zun*) with colors painted are the very confirmations. They belong to the Huliuhe Type of Lower Xiajiadian culture and unearthed from sites in Sanguan, Shuibei and Chichengyangtian of Yu County.

In the Spring and Autumn period and Warring States period, Zhangjiakou was the northern frontier of Yan State and had a close relationship with other local minorities. It can be proved by relics from graves of the Spring and Autumn period in sites of Ganzibao, Beixinbao and Pangjiabao-Baimiao in Huailai County. There was a grave of Warring States period discovered in Chicheng County in the spring of 1991. There was a group of rare gray pottery tripod vessel (*ding*), pottery tripod container (*li*), pottery *dou* with lid, pottery *gui* and pottery square vase unearthed from this grave. Copper-imitated potteries for ceremony in Yan State indicated that classes and institutions of etiquette in feudal society had been founded. Western Han dynasty was the most splendid era in Zhangjiakou's history because plentiful relics left there. There were thousands of relics unearthed from graves in Sanfengou, the gray pottery lidded vase with repeated geometric motifs painted in red and black were extremely beautiful. There were forty-three complete potteries unearthed in graves of Han dynasty in the site of Huailaiguanzhuang, thirteen of them were potteries with colors painted. Delegates of them are gray pottery lidded vase with repeated geometric motifs painted in red and black, gray pottery box with red and black painted geometric motifs on the cover and scrolls on the lower belly, and gray pottery stem censer with red filled semi-openwork geometric motifs on the black painted cover and similar triangular motifs sculpted on the upper body from graves of the site in Huangtuchang of Miaodi, Xuanhua Section.

Graves of Eastern Han dynasty are also distributed widely in Zhangjiakou with lots connotation. A gray pottery mingqi model of a stove was unearthed from the site of Shejiabao in Yu County. There is a scene of ladies at a barbecue painted on the back of the stove with vivid portraying and strong life feeling. It is an elaborate works with high artistic value.

There is few relic and site of Sui dynasty left, but lots of Tang dynasty discovered. They were mainly distributed in Yu County, Xuanhua Section, Yangyuan County, Huailai County and Chicheng County. A mingqi model jar in the shape of a pagoda with a flaked green glaze and a mingqi model vase on a stand with phoenix-headed mouth and a green glaze are unique, nice, and grace elaborate works, unearthed from graves of Tang dynasty in Yujian Village, Huangmei Town, Yu County in 1982. There are other rare mingqi model jars in the shape of a pagoda with a flaked green glaze and etc. unearthed from graves of Tang dynasty in Jiugongkou and Nanxianji, Yu County in 1986 and 1990. There is few relic and grave of the Five Dynasties discovered.

There are lots graves of Liao dynasty discovered, especially a cemetery which belongs to a big family named Zhang in Xiabali of Xuanhua Section. This discovery is one of the most significant archaeological achievements of Liao dynasty. Liao Sancai (three colors) and the yellow-glazed porcelain have typical features of Liao dynasty. The sancai-glazed bowl with carved lotus in the center and the yellow-glazed ewer with belly in lobed melon shape are elaborated works with high artistic value in porcelains of Liao dynasty. The white ewer with cup-shaped mouth and melon shaped lobed belly, and the white bowl in lobed shape with carved ribs came from Ding kiln with certain artistic value, too. The vase in chicken leg shape (*jituiping*) found in counties on the dam recent years probably has something to do with the custom of Khitan. The white ewer in the shape of a boy embracing a goose of Northern Song dynasty was stored in the Relics Protection Institution of Chongli County. It is a rare treasure in relics of Song dynasty and Liao dynasty.

There are fewer relics and sites of Jin dynasty discovered. There is a black-glazed jar with sgraffito floral motifs considered as the prime relics of Jin dynasty. It was unearthed in Xuanhua Section and stored in Institute of Cultural Relics in Hebei Province.

There are some examples offer reliable proof for the research on porcelains and kilns in northern area of Yuan dynasty. They are celadon bowl with finely incised floral motif inside and lines below the rim on the outside, egg-white glazed stem bowl with finely incised dragon motif inside, celadon lobed bowl from Longquan kiln and jar with dragon and phoenix motif in reserved panels from Cizhou kiln.

In order to defense the invasion from Mongolian noble named Wala and Tatar (Dada), Zhangjiakou became an important military town on the north border of the capital. The present Xuanhua Section used to be Xuanfu Town. Graves were robbed terribly at that time, so there are many gravestones and inscriptions but few relics collected. Some of them are valuable treasure, such as black-and brown-glazed jar with streaks on the upper belly, white jar with brown flower motif, blue-and-white bowl with a character "*fu* (福)" in the central inside and bird- and-flower motif on the exterior and so on. Those important discoveries are significant for researching on the history of porcelains's development, of social life, of military affairs and on the historical evolution in north area at that time.

Zhangjiakou became a distributing centre of commerce between Mongolian and Han nationality in Qing dynasty. There are fewer discoveries of graves of Qing dynasty, because most were robbed in early time. Consequently most relics are collections without location records, but they are still valuable for collecting and research.

History of porcelains in Zhangjiakou started in Sui dynasty. This book collects porcelains of Tang dynasty, the Five Dynasties, Song dynasty, Liao dynasty, Jin dynasty, Yuan dynasty, Ming dynasty and Qing dynasty. Most of them came from Ding kiln and Cizhou kiln in Hebei Province, Longquan kiln in Zhejiang Province, Jingdezhen kiln in Jiangxi Province and Jun kiln in Henan Province. There are only one came from Yue kiln. These porcelains came from famous kilns are featured, various and advanced, exemplifying the high standard of making skills about Chinese porcelains from different stages and degrees.

In order to report achievements of archaeological work in Zhangjiakou since the People's Republic of China founded, and to show the connotation of archaeological collection in Zhangjiakou fully, we took collections from archaeological research units all over the city and relics from excavations as the majority, and did relics from Zhangjiakou but stored in Archaeological Institute of Hebei Province and other folk collections as the minority, then chose best one hundred and eighty of them to make this book up for audience.

He Yong
2008.1.6

张家口古陶瓷集萃

1. 陶片（旧石器时代晚期至新石器时代早期）

Yellow sandy pottery sherd

Late Paleolithic to Early Neolithic Age

长9、宽9、厚1.2厘米，河北省文物研究所存。

阳原县泥河湾于家沟遗址出土。夹砂黄褐陶。质地粗糙、疏松，断面呈黑红色相间。素面，部分饰划纹。器型为平底器。

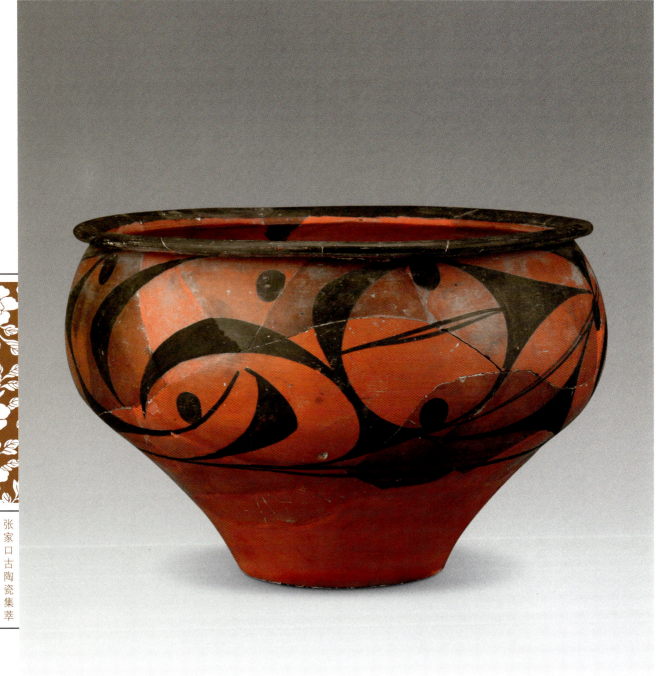

2. 彩陶盆（仰韶文化）

Fine red pottery basin with black painted stylized flower motif on the belly

Yangshao culture

口径33、底径13.6、高21.8厘米，河北省文物研究所存。

蔚县琵琶嘴遗址出土。泥质红陶。敛口，平沿，圆唇，鼓腹，腹下部分向内斜收，平底。口沿饰黑彩，肩、腹部用黑彩绘玫瑰花卉纹图案。

3. 小口双唇尖底瓶（仰韶文化）

Fine gray pottery bottle with pointed base, small double-lipped mouth rim, and incised décor

Yangshao culture

口径10.5、高78.6厘米，河北省文物研究所存。

蔚县三关房址内出土。泥质灰陶。瓶体细长。直口双唇，溜肩，尖底。通体饰相互交叉的细绳纹和线纹。

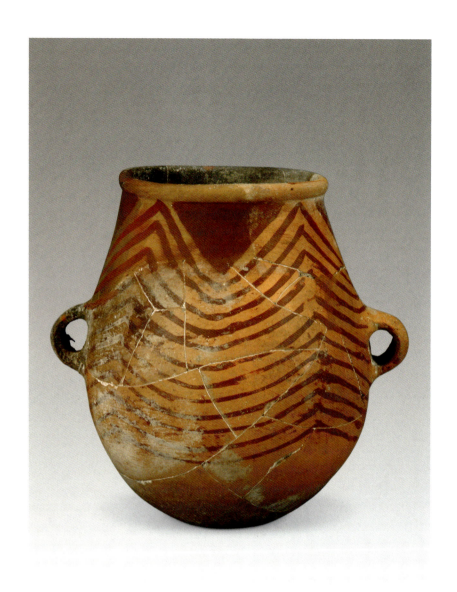

4. 圜底双耳罐（红山文化）

Fine red pottery jar with rounded base, two loop-lugs, and brown-painted repeated triangular-shaped motifs

Hongshan culture

口径12.1、高19.5厘米，河北省文物研究所存。

蔚县四十里坡遗址出土。泥质红陶。直口，圆唇，深腹，圜底，最大径在下部。腹部置双耳。通体施黄彩。肩部用褐红彩绘三角纹，肩、腹部用褐红彩绘变形龙鳞纹。

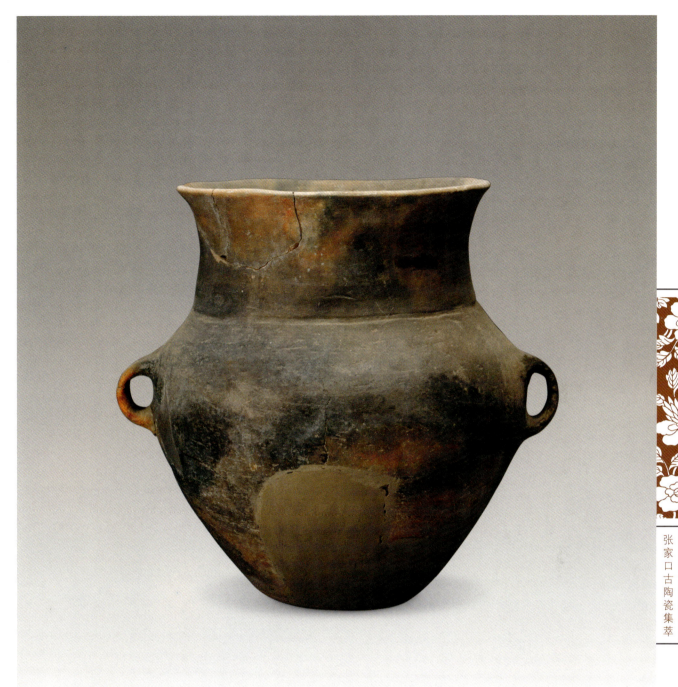

5．双耳罐（小河沿文化）

Fine gray pottery jar with two loop-lugs

Xiaoheyan culture

口径29.1、底径17.3、高37.8厘米，河北省文物研究所存。

蔚县三关遗址出土。泥质灰褐陶。侈口，圆唇，高领，鼓腹，平底，腹部置双耳。

6. 高领双耳罐（小河沿文化）

Fine red pottery jar with two loop-lugs, basin-shaped mouth,and bulbous belly

Xiaoheyan culture

口径25、底径14.5、高42厘米，涿鹿县文保所存。

涿鹿县煤沟梁遗址出土。泥质红陶。敞口，口沿外侈，高领，球形腹，平底，腹部
附有双耳。底、腹部有烟熏的痕迹。

7. 矮领横双耳罐（小河沿文化）

Fine red pottery jar in truncated shape with two loop-lugs, straight and short collar, and bulbous belly

Xiaoheyan culture

口径13.5、底径15、高30厘米，涿鹿县文保所存。

涿鹿县煤沟梁遗址出土。泥质红陶。小口，矮领，球形腹，平底，腹部附对称圆形横耳。底、腹部有烟熏的痕迹。

8. 直领罐（小河沿文化）

Fine gray pottery jar with two loop-lugs and straight collar

Xiaoheyan culture

口径12.5、底径7.5、高14.5厘米，涿鹿县文保所存。

涿鹿县煤沟梁遗址出土。泥质灰褐陶。大口，卷沿，高直领，斜肩，鼓腹，腹下部向内斜收，平底，腹部有对称鼻形耳。

9. 高领壶（小河沿文化）

Sandy brown pottery with straight neck and bulbous belly

Xiaoheyan culture

口径7、底径9、高15.5厘米，涿鹿县文保所存。涿鹿县煤沟梁遗址出土。夹砂褐陶。敞口，平唇，高领，球形腹，平底。

10. 双腹盆（小河沿文化）

Fine gray pottery vat with everted mouth and pointed base

Xiaoheyan culture

口径34、底径11.5、高20.5厘米，涿鹿县文保所存。

涿鹿县煤沟梁遗址出土。泥质灰褐陶。敞口，平沿，圆唇，上腹斜直，下腹呈盆状，平底。

11. 深腹盆（小河沿文化）

Fine brownish gray pottery vat with straight neck and two loop-lugs

Xiaoheyan culture

口径32、底径13.5、高34.5厘米，涿鹿县文保所存。

涿鹿县煤沟梁遗址出土。泥质灰褐陶。敞口，口沿外侈，圆唇，上腹较深直，呈筒形，下腹呈盆状，上、下腹交接处附对称半环状双耳，平底。

12. 彩绘直口盆（小河沿文化）

Fine brown pottery basin with yellow and red painted geometric motifs

Xiaoheyan culture

口径38、底径12、高20.5厘米，河北省文物研究所存。
阳原县姜家梁墓地出土。泥质灰陶。直口，沿外卷，圆唇，折腹，平底。上腹部饰以红、黄彩几何纹图案。

13. 彩绘敛口盆（小河沿文化）

Fine brown pottery basin with yellow and red painted geometric motifs

Xiaoheyan culture

口径 29.1、底径 15、高 21.8 厘米，河北省文物研究所存。
阳原县姜家梁墓地出土。泥质灰陶。敛口，沿外卷，圆唇，折腹，平底。上腹部饰以红、黄彩几何纹图案。

14. 短柄矮圈足豆（小河沿文化）

Sandy gray pottery stem bowl (*dou*) with incised lines on the base

Xiaoheyan culture

口径18、圈足径12、高14.8厘米，涿鹿县文保所存。

涿鹿县煤沟梁遗址出土。夹砂灰褐陶。敛口，圆唇，鼓腹，腹部饰有对称小鼻，短柄，矮圈足。足上刻划辐射线状阴线纹。

15. 粗高柄圈足豆（小河沿文化）

Sandy brownish-gray pottery stem bowl

Xiaoheyan culture

口径17.2、圈足径11.5、高15.9厘米，涿鹿县文保所存。

涿鹿县煤沟梁遗址出土。夹砂灰褐陶。敛口，圆唇，鼓腹，腹中部饰有对称小鼻，高柄，圈足。

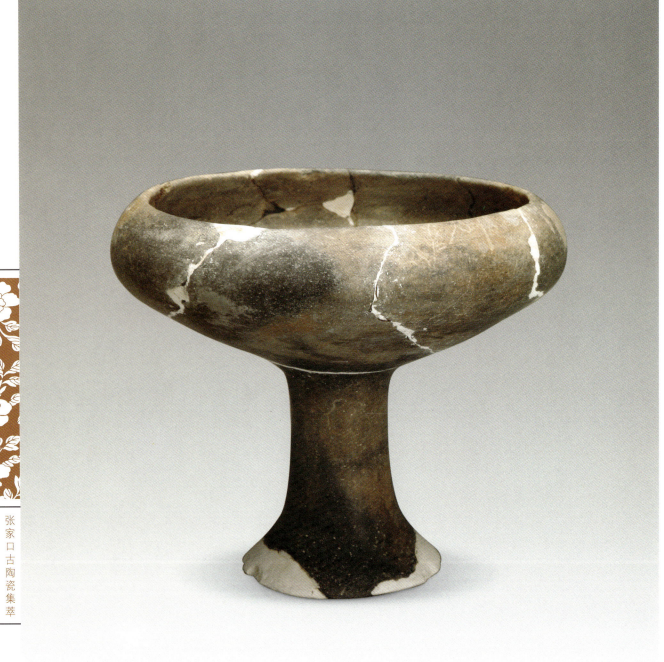

16. 细高柄圈足豆（小河沿文化）

Shell-tempered sandy brown pottery stem bowl

Xiaoheyan culture

口径18.5、圈足径10、高17.8厘米，阳原县文保所存。

阳原县姜家梁墓地出土。泥质夹砂夹蚌褐陶。敛口，圆唇，鼓腹，高柄，圈足，圈足呈喇叭形。

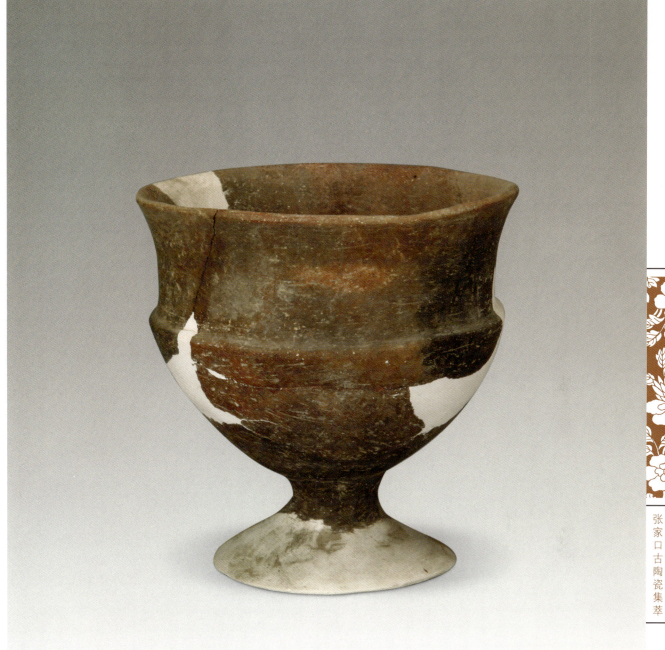

17. 盆式豆（小河沿文化）

Sandy reddish-brown pottery stem bowl

Xiaoheyan culture

口径17.5、圈足径11.5、高18厘米，河北省文物研究所存。
阳原县姜家梁墓地出土。夹砂红褐胎黑皮陶。口微敞，圆唇，深折腹盆型，
矮柄，圈足。素面。

18. 彩绘豆（小河沿文化）

Sandy pottery stem bowl with black slip, reddish clay body, and red painted décor

Xiaoheyan culture

口径19、圈足径12、高15厘米，河北省文物研究所存。

阳原县姜家梁墓地出土。夹砂红褐胎黑皮陶。敞口，尖圆唇，浅盘，喇叭形圈足。豆盘外壁及足外壁均涂朱色。

19. 陶瓢形器（小河沿文化）

Fine red pottery handled water pot

Xiaoheyan culture

球径22、圆口径8、通高32厘米，河北省文物研究所存。
阳原县姜家梁墓地出土。泥质红陶。矮柄。直柄中空，末端封闭，在近末端
处有两个相对称的穿孔。柄与空腹球体自然地连为一体，球体在近柄处有一
圆口。

20. 人形双耳壶（新石器时代）

Fine gray pottery cylindrical container in human shape

Neolithic Age

口径11.8、底径12、高32厘米，宣化区文保所存。
20世纪70年代宣化东门外黄土场出土。泥质灰陶。人形，
坐式，壶口开于头顶，小眼，小耳，小嘴，高鼻梁。胸腹
鼓起，右臂弯曲置于胸前，左臂稍曲置于腹部，两腿前伸，
腰间置双耳。

21. 袋足绳纹鬲（龙山文化）

Fine red pottery tripod container (*li*) with cord marks

Longshan culture

口径25.5、高40.7厘米，河北省文物研究所存。

蔚县三关房址内出土。泥质灰陶。侈口，圆唇，束颈，鬲身与袋足相连，袋足肥大，分裆较高。其中两足相间处及另一足上部各附有一个錾手。器身通体饰绳纹。

22. 镂空高柄陶豆（龙山文化）

Fine gray pottery stem dish with impressed radiating streaks on the outer surface

Longshan culture

盘径 32.6、圈足径 21.4、高 21.9 厘米，河北省文物研究所存。

蔚县三关遗址出土。泥质灰陶。敞口，沿面较宽，浅腹，高柄，喇叭形圈足。外腹部饰竖条纹，豆柄上排列有不规则三个圆形孔。

23．卵形三足瓮（夏）

Fine gray pottery vessel in egg shape with three short pointed legs

Xia dynasty

口径23.5、高46.5厘米，河北省文物研究所存。

蔚县三关遗址出土。泥质灰陶。敛口，平沿，深腹，圜底，底部附有三锥形足。通体饰细绳纹。

24. 彩绘筒形鬲（夏家店下层文化）

Fine gray pottery tripod container (*li*) with red and black painted geometric design on a yellow ground

Lower Xiajiadian culture

口径 15.7、高 15.6 厘米，河北省文物研究所存。

蔚县三关出土。泥质灰陶。喇叭形口，圆唇，束颈，筒腹，分裆，尖足。器身用黄色做地，再用红、黑彩饰勾连弯曲纹。

25．彩绘高领鬲（夏家店下层文化）

Fine gray pottery *li* tripod with red and black painted geometric design on a yellow ground

Lower Xiajiadian culture

口径10.6、高13.5厘米，河北省文物研究所存。

蔚县三关出土。泥质灰褐陶。敞口，圆唇，高领，束颈，鼓腹，分裆较低，尖足。器身用黄色做地，再用红彩饰勾连弯曲纹，惜已脱落。

26. 磨光黑陶筒形鬲（夏家店下层文化）

Black-slipped *li* tripod

Lower Xiajiadian culture

口径15.5、高16.5厘米，蔚县博物馆藏。

2002年蔚县水北遗址出土。黑陶。敞口，尖圆唇，器身呈筒状，下身分裆，尖袋足。器身通体磨光。

27. 折肩陶鬲（夏家店下层文化）

Fine brown pottery *li* with carinated shoulder

Lower Xiajiadian culture

口径13.5、高12.2厘米，赤城县博物馆藏。

赤城县样田乡双山寨村出土。泥质褐陶。敞口，口沿外折，束颈，折肩，腹向内收于底，分裆较低，袋足，素面。

28. 彩绘陶尊（夏家店下层文化）

Fine gray pottery vat (*zun*) with everted mouth and deep belly

Lower Xiajiadian culture

口径21.9、底径12.6、高11.9厘米，河北省文物研究所存。

蔚县三关出土。泥质灰陶。敞口，圆唇，深腹，腹下部向内收，平底。通体用红、黄、黑彩饰勾连弯曲纹。

29. 彩绘陶簋（夏家店下层文化）

Fine gray pottery *gui* tureen with red and black designs on yellow ground

Lower Xiajiadian culture

口径19.6、圈足径11.4、高13.6厘米，河北省文物研究所存。

蔚县三关出土。泥质灰陶。敞口，平沿，深腹，腹部向下内收，喇叭形圈足。器身用黄色做地，再用红、黑两彩饰弦纹、云纹等彩绘图案。

30. 绳纹陶鬲（西周）

Sandy gray pottery *li* with impressed streaks on the belly

Western Zhou dynasty

口径11.8、高15厘米，宣化区文保所存。
1987年宣化区文保所征集。夹砂灰陶。
侈口，卷沿，方唇，深腹，分裆，三足。
器身饰粗绳纹。

31. 陶鼎（战国）

Fine gray pottery tripod vessel (*ding*) with three reclining rams on the cover and animal mask appliqués on the upper part of the legs

Warring States period

口径28.5、通高36厘米，赤城县博物馆藏。
赤城县独石口镇半壁店村墓地出土。泥质灰陶。扁圆形盖，盖上近边缘处附贴模制三只卧羊形纽，盖顶部饰云纹和凸弦纹。鼎为子口，敛口，圆唇，圆腹，腹部饰一周凸弦纹，圜底，兽面蹄形足，足模制，上部饰兽面纹，口沿两侧各饰一方穿高附耳。

32. 彩绘陶鼎（战国）

Fine gray pottery *ding* with two vertical handles and red painted design

Warring States period

口径 27、高 13 厘米，蔚县博物馆藏。

蔚县博物馆征集。泥质灰陶。有盖，鼎为子口，敞口，圆唇，口两侧各附贴一竖长方形耳，圆腹，圜底，三个蹄形足。器盖呈覆钵形，上饰红彩勾云纹彩绘。鼎身磨光，有彩绘，已脱落。

33. 夹砂夹蚌红陶鬲（战国）

Fine red pottery *li* with shell-tempered clay body and impressed cord décor

Warring States period

口径12.4、高23.7厘米，宣化区文保所存。

宣化煤建公司墓地出土。夹砂夹蚌红陶。侈口，平沿，方唇，束颈，圆肩，筒腹，壁较直，长方形柱足。器身通体饰细绳纹。有烟熏痕迹。

34. 陶鬲（战国）

Sandy gray pottery *li* with side flanges

Warring States period

口径17.8、高14厘米，赤城县博物馆藏。

赤城县独石口镇半壁店村墓地出土。夹砂灰陶。直口，方唇，折沿，沿面较平，束颈，腹微鼓，弧裆，蹄形足。腹上部饰凸弦纹一周，足上部的腹部各附贴一个扉棱。

35. 彩绘方座兔耳陶簋（战国）

Fine gray pottery *gui* tureen on a square stand

Warring States period

口径 20.5、方座边长 23.2、通高 25 厘米，赤城县博物馆藏。

赤城县独石口镇半壁店村墓地出土。泥质灰陶。缺盖，侈口，束颈，腹微鼓，平底，腹下部向内收，腹部两侧饰对称的兔头形耳。方座，四面中部有长方形一缺口。肩、腹部饰两周凸弦纹。通体有残留的红色彩绘。

36．陶豆（战国）

Fine black pottery *dou* with short stem and carved grooves on the exterior of the bowl

Warring States period

口径17.5、圈足径12、高14.5厘米，蔚县博物馆藏。

蔚县博物馆征集。泥质黑陶。缺盖，有子口，敛口，圆唇，豆盘较深，矮柄，喇叭形圈足。腹部有四周弦纹。器表磨光，通体黑色。

37. 细高柄圈足豆（战国）

Fine gray pottery *dou* with long stem and lid

Warring States period

口径15.5、通高37.2厘米，涿鹿县文保所存。

涿鹿县矾山五堡出土。泥质灰陶。带盖，盖呈倒置碗形，纽为圆形平板状；深豆盘，有子口，细高柄，盘形圈足。柄和圈足均饰有弦纹。通体磨光。

38. 高柄小口壶（战国）

Fine gray pottery dou with long stem and lid

Warring States period

口径7、圈足径15.5、通高27.5厘米，赤城县博物馆藏。

赤城县独石口镇半壁店村墓地出土。泥质灰陶。带盖，敞口，平沿略外侈，短颈，鼓腹，柄细高，喇叭形圈足。肩、腹部饰有凸弦纹四周。

39. 陶方壶（战国）

Fine gray pottery square vase with appliqué tigers and animal masks (pushou) holding rings in their mouths, surface décor painted in red

Warring States period

口径31、底径21、通高59厘米，赤城县博物馆藏。

赤城县独石口镇半壁店村墓地出土。泥质灰陶。有盖，盖为方形，方口，微外侈，长颈，鼓腹，方圈足。长颈四面各附贴一模制的兽面衔环，四面抹角处各附贴一模制的卧虎，虎作曲颈回首，竖耳，张口露齿，翘尾状。颈部下四周突出一宽沿，颈部和腹部饰有泥带纹。壶身饰朱色彩绘。

40. 彩绘陶鼎（西汉）

Fine gray pottery ding with band motifs painted in red on a white slip

Western Han dynasty

口径22.5、通高19厘米，宣化区文保所存。

2004年宣化棉麻库汉墓出土。泥质灰陶。盖为扁圆形，鼎口微敛，双耳，浅腹，圆底，方形三足。通体施白衣，盖饰红彩勾云纹和弦纹；器身用红彩绘三周弦纹，弦纹中间填以几何纹和云纹。

41. 彩绘陶鼎（西汉）

Fine gray pottery *ding* with bird decorated lid and yellow and black décor on a white slip

Western Han dynasty

口径10.2、通高18厘米，宣化区文保所存。

2004年宣化物资局楼基墓葬出土。泥质灰陶。盖为扁圆形，顶部饰鸟形纽；鼎为敛口，球形腹，兽面蹄形三矮足，双耳立于肩部两侧。通体施白衣。器盖用黑、黄彩绘云纹；器身肩部、腹下部用黄彩绘彩带两周，其间用黑彩绘几何纹。

42．彩绘陶鼎（西汉）

Fine gray pottery *ding* with brown painted lid and two black lines circumscribing the upper belly

Western Han dynasty

口径13.5、通高13.5厘米，赤城县博物馆藏。

赤城县赤城镇南梁出土。泥质灰陶。扁圆形盖，盖面绘云纹。鼎为子口，腹微鼓，上部附对称双耳，三矮足。腹部饰黑色弦纹两周。

43. 彩绘陶壶（西汉）

Fine gray pottery lidded vase with repeated geometric motifs painted in red and black

Western Han dynasty

口径15.2、圈足径12.4、通高28厘米，宣化区文保所存。

1987年宣化庙底黄土场墓葬出土。泥质灰陶。有盖，敞口，束颈，广肩，圆腹，圈足。通体施白衣。盖呈扁圆形，顶部有圆形纽。盖上饰红、黑色弦纹各一周，弦纹之间饰黑、红相间的菱形回纹、黑三角纹、红三角纹等，近口沿处饰一周黑、红两色勾连云纹。颈部饰黑、红相间的三角纹。肩部饰黑、红相间的菱形回纹。肩部、腹中部和腹下部饰三周弦纹，弦纹之间分别饰红、黑相间的菱形回纹和勾连云纹。

44. 彩绘陶壶（西汉）

Fine gray pottery lidded vase with repeated geometric motifs in red and black framed by concentric encircling lines, and paired handles painted on the lower belly

Western Han dynasty

口径11.5、圈足径9.5、通高28厘米，万全县文保所存。

万全县郭磊庄杏园庄村砖厂工地出土。泥质灰陶。有盖、盘口、长颈、广肩、鼓腹、矮圈足。通体施白衣。盖顶部彩绘多脱落。颈部饰红、黑两色折线纹，折线纹空隙处饰树纹，树纹用黑彩勾出轮廓，内填以红彩，折线纹内饰黑彩和红彩相间的似山形纹。颈、腹相接处、腹中部和下部各饰一周弦纹，弦纹之间饰红、黑两彩的卷云纹、似山形纹等。

45. 彩绘陶壶（西汉）

Fine gray pottery lidded vase with slightly tapered neck and repeated geometric motifs in red and black framed by concentric encircling lines

Western Han dynasty

口径14、圈足径14.5、高28.5厘米，赤城县博物馆藏。

赤城县赤城镇南梁出土。泥质灰陶。侈口，束颈，鼓腹，圈足。通体施白衣。颈部绘草叶形纹，腹部以黑、褐两色绘饰云纹，颈、肩相交处饰一周黑色弦纹，腹部中间饰两周弦纹。

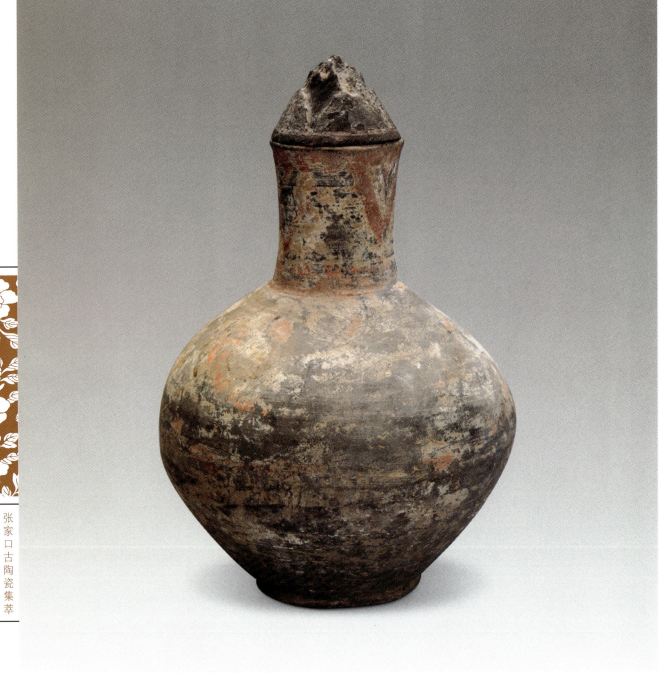

46. 长颈鼓腹彩陶壶（西汉）

Fine gray pottery vase with *boshan* lid and red and black painted motifs on the neck and midriff

Western Han dynasty

口径8、圈足径10.6、通高32.4厘米，阳原县文保所存。

阳原县三汾沟墓地出土。泥质灰陶。平口，博山盖，长颈，鼓腹，矮圈足。器表彩绘，以粉色做地，用朱、褐、黑三色绘图案，颈、腹部绘重三角和勾云纹，器盖表面绘草叶纹。

47. 盘形口鼓腹彩陶壶（西汉）

Fine gray pottery vase with dish-shaped mouth and black painted tiger and *pushou* motifs on the lower belly

Western Han dynasty

口径12、底径14.5、高29.2厘米，河北省文物研究所存。

阳原县三汾沟墓地出土。泥质灰陶。盘形口，束颈，圆腹，平底。通体施白衣，用墨色绘出花纹，花纹以兽首衔环为主体，猛虎环其两侧，颈部饰一组锯齿纹。

48. 彩绘陶盒（西汉）

Fine gray pottery box with red and black painted geometric motifs on the cover and scrolls on the lower belly

Western Han dynasty

口径 16.8、圈足径 8.5、通高 14.3 厘米，宣化区文保所存。1985 年宣化庙底黄土场墓葬出土。泥质灰陶。有盖，敛口，圆唇，有子母口，折腹，圈足。通体施白衣。盖为碗形，有子母口，盖外壁饰三周弦纹、红色折线纹、菱形回纹和不规则的黑折线纹。盒外壁近口沿处饰两周弦纹，腹部用红彩勾出勾连卷云纹，内填以黑色云纹。

49. 彩绘刻三角纹熏炉（西汉）

Fine gray pottery stem censer with red filled semi-openwork geometric motifs on the black painted cover and similar triangular motifs sculpted on the upper body

Western Han dynasty

口径16.5、圈足径9、通高16厘米，宣化区文保所存。

1987年宣化庙底黄土场墓葬出土。泥质灰陶。盖似覆盘，中间隆起，置扁圆短柱形纽，敛口，平沿，圆唇，浅腹，高圈足。器盖刻镂空三角纹，三角纹内施红、黑彩，镂空三角纹空隙处有圆形小孔。器身口沿用红、黑彩饰弦纹两周，余为素面刻三角纹，器身三角纹内、外均有圆形小孔。

50．彩绘陶熏炉（西汉）

Fine gray pottery censer in mushroom shape with perforated holes on the cover for incense fuming

Western Han dynasty

口径10、盘径16.2、通高15.5厘米，宣化区文保所存。

2003年宣化物资局楼基墓葬出土。泥质灰陶。蘑菇形盖，敛口，鼓腹，盘形底。盖顶部有镂空孔数十个。通体施白衣。用黑、黄彩绘卷云纹和带形纹。

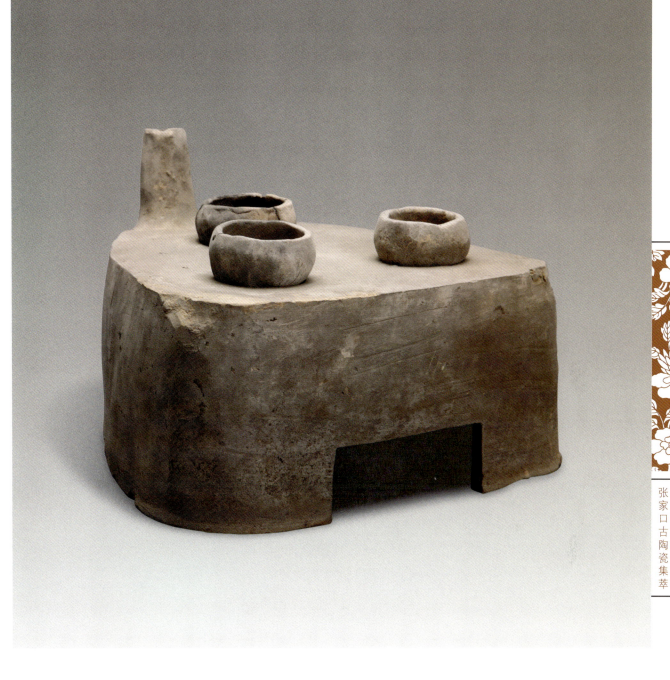

51. 圆三角形陶灶（西汉）

Fine gray pottery *mingqi* (funerary goods) model of a stove with cooking utensils

Western Han dynasty

长24、宽23.2、通高10.4厘米，阳原县文保所存。

阳原县三汾沟墓地出土。泥质灰陶。平面呈圆三角形，由灶身、灶门、灶面、火眼、釜等组成。

52. 陶羊尊（东汉）

Fine gray pottery *mingqi* holder in the shape of reclining ram

Eastern Han dynasty

长37、宽13.5、通高23厘米，宣化区文保所存。

2002年宣化支家桥交通局工地墓葬出土。泥质灰陶。尊为卧羊形，造型简洁朴实，卧羊背部有高出羊背的矮空圆柱形口，原有彩绘，惜脱落。

53. 兽首陶魁（东汉）

Fine gray pottery *mingqi* ladle (*kui*) with a dragon handle

Eastern Han dynasty

长19、宽20、通高8厘米，蔚县博物馆藏。
1996年蔚县佘家堡出土。泥质灰陶。兽首柄，瓢身呈方形，圆唇，深腹，平底。腹上有一道弦纹。器身磨光，兽首彩绘。

54. 陶井（东汉）

Fine gray pottery *mingqi* model of a well

Eastern Han dynasty

口径16、底径16、高24厘米，蔚县博物馆藏。

1996年蔚县佘家堡出土。泥质灰陶。井筒作直筒形，圆形地台，井壁稍外斜，平底。地台上置斜立向内弯曲的扁形粗柱，其上为庑殿式井亭，两侧弯曲的扁形粗柱上各有一小孔，井壁外饰弦纹，井内有汲水器具。

55. 彩绘三足奁（东汉）

Fine gray pottery mingqi container (lian) with three bear-shaped legs

Eastern Han dynasty

口径21、高12.5厘米，蔚县博物馆藏。

1996年蔚县佘家堡出土。泥质灰陶。直口，直腹壁，平底，三熊形足。腹壁饰有弦纹，熊足曲身弓腿，形象逼真。器身为白地红彩，惜多脱落。

56. 长方形陶匣（东汉）

Fine gray pottery *mingqi* square vessel

Eastern Han dynasty

长 40、宽 17、高 15.5 厘米，蔚县博物馆藏。

1996年蔚县佘家堡出土。泥质灰陶。匣呈长方形，腹壁较直，下腹壁斜收，平底。通体素面。

张家口古陶瓷集萃

57. 侍女烤肉图陶灶（东汉）

Fine gray pottery *mingqi* model of a stove with scene of ladies at a barbecue painted on the back

Eastern Han dynasty

长 39、宽 24、高 20 厘米，蔚县博物馆藏。

1996年蔚县佘家堡出土。泥质灰陶。灶呈长方形，灶面上有三个灶孔，内置三口小釜，灶台前端斜出长方形防火、灰遮檐，下为灶门。灶台左、后两边直起灶墙，左侧灶墙背立面彩绘《侍女烤肉图》，图上绘黑色木杠，杠上铁钩吊着大块鲜肉，下方绘有三个侍女，中间侍女盘坐于席上，在方案上切肉，左侧侍女跪于席上，面对火鼎在烤肉，右侧侍女跪坐于席上，正在往食盒里装烤好的肉串，人物造形生动，生活气息浓厚，是一幅极有艺术价值的精品。

58．梯形圆角形陶灶（东汉）

Fine gray pottery *mingqi* model of a stove with cooking utensils

Eastern Han dynasty

长 24.5、宽 17、通高 13 厘米，宣化区文保所存。

2002 年宣化支家桥交通局楼基墓葬出土。泥质灰陶。灶面呈梯形圆角形，有灶孔三个，各置一釜，灶门设于正面，其上有横长方形遮檐。

59. 半椭圆形绿釉陶灶（东汉）

Fine gray pottery *mingqi* model of a stove with a green glaze and carved kneeling female attendant images

Eastern Han dynasty

长23、宽17.5、高8厘米，蔚县博物馆藏。

1988年蔚县博物馆征集。陶胎，通体施绿釉。灶为半椭圆形，灶面上有三个圆形灶口，灶前立面中间下部是横长方形灶门。上部饰棱形方格纹，两侧各饰一跪姿状侍女。图案生动，造型美观。

60. 陶楼圈（东汉）

Fine gray pottery *mingqi* model of a courtyard-style residence with tower in the front and pigs in the pigsty

Eastern Han dynasty

长32、宽22.5、通高34.5厘米，宣化区文保所存。

2002年宣化地院教育中心楼基墓葬出土。泥质灰陶。平面呈长方形，圈设于左侧，内有陶猪等，陶圈一角置一平台，其上建有一厕所。厕所为悬山式建筑，正面设长方形门。另一角有上平台的坡道。

61. 绿釉塔式罐（唐）

Mingqi model jar in the shape of apagoda with a flaked green glaze

Tang dynasty

口径15、圈足径20.5、通高74厘米，蔚县博物馆藏。

1986年蔚县九宫口唐墓出土。细泥质红陶，通体施绿釉，足下部露胎。由盖、罐、座三部分组成。盖为宝珠式。罐为直口，窄沿，短颈，鼓腹，平底。座为宽平沿，周缘有一周圆凸棱，中部前后各有"凹"形孔，下部呈喇叭形。该器物造型较为独特。

62. 绿釉凤首壶（唐）

Mingqi model vase on a stand with phoenix-headed mouth and a green glaze

Tang dynasty

口径10、圈足径28、高74厘米，蔚县博物馆藏。1982年蔚县榆涧唐墓出土。细泥质红陶，胎较厚重，通体施绿釉，局部釉色脱落严重。凤首形盖，桃形口，带流，长颈，鼓腹，腹上部至口沿部有三棱柱形提梁一道，底座呈喇叭形，座下部有两周附加堆纹。

63. 绿釉长颈贴花塔式罐（唐）

Mingqi model vase on a flared stand with appliqué animal mask medallions and a flaked green glaze

Tang dynasty

圈足径18、通高46.8厘米，蔚县博物馆藏。1990年蔚县南洗冀唐墓出土。泥质红陶，通体施黄绿色釉。罐由器身、器座两部分组成。器身口部呈三瓣流状，长颈、鼓腹，平底，肩、腹部贴有模制的兽首和变形莲花图案各三个。器座中空，平沿，子母口，下部呈喇叭形。

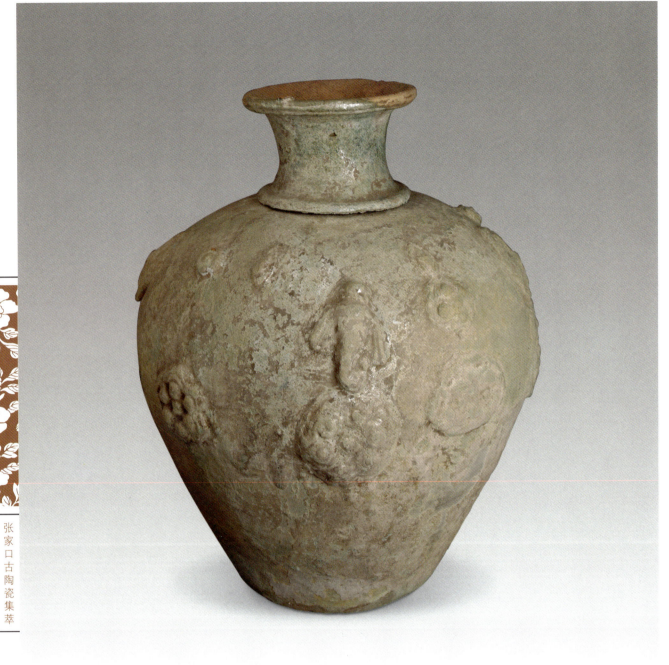

64. 绿釉贴花罐（唐）

Mingqi model jar with a flaked green glaze and
appliqué animal masks, lotuses and birds

Tang dynasty

口径16、底径21.6、通高48厘米，蔚县博物馆藏。
1986年蔚县九宫口唐墓出土。细泥质红陶，通体施绿釉。小
口，束颈，圆肩，鼓腹，平底。肩、腹部贴有分布不规则的
模制莲花、兽首、飞鸟等变形图案二十四个。胎体厚重，造
型较为独特。

65. 六铺首衔环高领陶罐（唐）

Mingqi model jar with six *pushou* appliqués alternating with flower medallions

Tang dynasty

口径15.5、底径15.5、高35厘米，赤城县博物馆藏。1990年赤城县田家窑镇近北庄村出土。泥质灰陶。敞口、折沿、方唇、高颈、圆肩、圆腹、腹下部向内斜收、平底。肩部饰两周凸弦纹，上腹部堆饰六铺首衔环，堆贴六朵云花图案。

67．乳黄釉带温碗执壶（辽）

Cream glazed *mingqi* model ewer and warming bowl, with bas-relief leaves around the shoulder and carved lotus petals on the belly of the ewer

Liao dynasty

口径5.7、圈足径12、通高27厘米，尚义县文保所存。

尚义县甲石河乡囵囵村辽墓出土。泥质红陶，通体施深黄色釉。宝顶式盖，侧附一孔。壶为小口，矮颈，腹部微鼓，前附管状长流，后附弓形抓手，置于温碗内，肩部浮雕一组树叶状图案，腹下部雕刻莲瓣纹。温碗为荷叶形口，深腹，圈足，足壁稍外撇。造型古朴、浑厚。

66．凤首壶（辽）

Mingqi model vase with phoenix head mouth and largely flaked plum motifs originally painted in diverse colors

Liao dynasty

底径17.5、高65厘米，涿鹿县文保所存。

涿鹿县涿鹿镇壁画墓出土。泥质灰陶，稍残。凤首，细长颈，鼓腹，平底。器身彩绘梅花图案，惜彩绘已脱落。该壶形象逼真，且较为生动。

68. 绿釉鸡冠壶（辽）

Mingqi model cockscomb flask (*jiguanhu*) with a green glaze, imitating the shape of a leather pouch, with stamped floral design (also known as stirrup flask, or *madenghu*)

Liao dynasty

腹宽20.1、底径9.6、通高27厘米，尚义县文保所存。

尚义县甲石河乡囵囵村辽墓出土。泥质红陶，通体施绿釉。小口，口上有一盖，盖上置一蹲状小猴。矮颈，双驼峰式提梁，鼓腹。壶身周边有仿皮绳式的戳刺纹和花草纹图案，使整个器形显得原始、古雅。

69. 小口磨光黑陶罐（辽）

Fine black pottery *Mingqi* model vase with slightly tapered neck decorated with several dark painted streaks, and combed designs on the lower belly

Liao dynasty

口径9.2、底径9.6、高26.4厘米，康保县文保所存。

康保县芦家营乡白脑包村阿淖山墓葬出土。泥质黑陶，通体磨光。小口，高颈，溜肩，鼓腹，平底。颈部饰有竖条暗纹，肩部为网格纹，腹下部有较规整的篦点纹。

70. 敞口磨光黑陶罐（辽）

Fine black pottery *Mingqi* model jar with constricted neck, bulbous belly and concave base, two concentric incised lines circumscribing the shoul-der, intermittently combed patterns carved above the base

Liao dynasty

口径7.6、底径5、高17.8厘米，康保县文保所存。

康保县处长地大清沟村村民捐赠。泥质黑陶，通体磨光。敞口，口呈喇叭状，束颈，鼓腹，腹下部渐向内敛，足底外撇，微内凹。肩部有两周弦纹，腹下部至足为篦点纹。

71. 三彩花卉人物陶枕（辽）

Sancai (lit. three colors) glazed *mingqi* model of a headrest with lotuses and grasses on the top

Liao dynasty

长17、宽9、高10厘米，赤城县博物馆藏。

赤城县镇宁堡乡东沟村壁画墓出土。陶胎，通体施三彩。枕面呈马鞍形状，中间下凹，两端上翘，底部有气孔，枕面饰莲花、草叶图案。枕身呈梯形，前后刻花卉图案，左右刻人物图案。

72. 花形口三彩瓶（辽至金）

Sancai-glazed vase with foliate mouth rim and appliqué flowermedallions on the belly

Liao to Jin dynasty

口径5.5、残高13厘米，蔚县博物馆藏。

蔚县东门口出土。细泥质红陶。器身由瓶身与圈足两部分套合为一体。花口，束颈，双耳，鼓腹，圈足。腹部前后有对称菊花图案。器身上部施深黄釉，下部施绿釉。

73. 青釉双系罐（隋至初唐）

Greenware (*qingci*) jar with two loop-lugs

Sui to early Tang dynasty

口径6.56、足径8.7、高18.1厘米，怀来县博物馆藏。

旧藏品，失出土地点。小口，圆唇，束颈，溜肩，双系已残，深筒形腹，实足。胎质坚硬。罐的上半部施青褐色釉，青中泛褐，有垂流现象，施釉不到底。

74. 青釉双系罐（唐）

Greenware (*qingci*) jar with two loop-lugs and a glaze-dripping effect

Tang dynasty

口径 4.6、足径 5、高 12.8 厘米，涿鹿县文保所存。

涿鹿县文保所征集。小口，圆唇，溜肩，圆鼓腹，实足。肩部附对称双系。器身施青绿釉，施釉不到底，有明显的流釉痕迹。

75. 黄釉双系罐（唐）

Yellow-glazed jar with two loop-lugs

Tang dynasty

口径6.8、足径6.5、高13.2厘米，怀来县博物馆藏。

旧藏品，失出土地点。小口，圆唇，束颈，丰肩，双系，圆鼓腹，实足。胎质坚硬。器身施黄釉，为半挂釉。

76. 黄褐釉塔形罐（唐）

Yellow-glazed *mingqi* model jar in the shape of a pagoda (mouth missing)

Tang dynasty

口径 7、圈足径 26、通高 53 厘米，蔚县博物馆藏。

1973 年蔚县南干渠工地出土。小口，鼓腹，肩部置管状短流，器座呈喇叭形，罐与座烧制时粘接在一起。通体施黄褐色釉。塔形罐主要流行于北方，通常由罐盖、罐身和底座三部分组成。此罐与常见的塔形罐相比肩部多出一个管状短流，形制比较特殊，可惜罐盖已经缺失。

77. 黄釉戳点纹执壶（唐）

Yellow-glazed ewer with pricked motifs on the belly

Tang dynasty

口径 2.5、足径 7.9、高 15.4 厘米，蔚县博物馆藏。

蔚县县城南环公路工地出土。敞口，圆唇，束颈，溜肩，深腹，实足。肩部附管状短流，另一侧颈、肩之间置双泥条曲柄。器身装饰戳点纹。施黄色釉，施釉不到底。

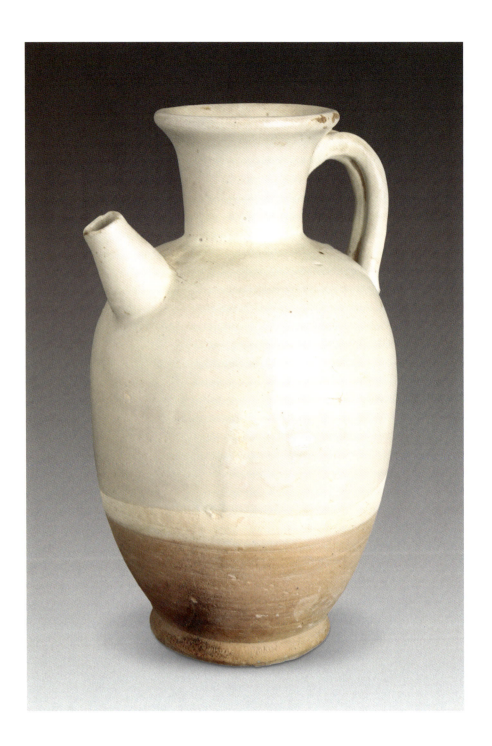

78. 白釉执壶（唐）

White ewer with reddish clay body exposed on the lower part of the belly through the base

Tang dynasty

口径8、足径8.2、高23厘米，蔚县博物馆藏。

蔚县宋家庄乡吕家庄村出土。敞口、圆唇、束颈、圆肩、深腹、实足。肩部附管状短流，另一侧颈、肩之间置双泥条曲柄。施乳白色釉，施釉不到底。

79. 白釉碗（唐）

White bowl with wide mouth and ring base

Tang dynasty

口径13.5、圈足径5.5、高3.9厘米，宣化区文保所存。

1990年宣化四中出土。敞口，斜腹，直壁，圈足。通体施白色釉。

80. 绿釉碗（唐）

Green-glazed bowl

Tang dynasty

口径13.5、足径8、高5厘米，宣化区文保所存。

2004年宣化建业小区出土。侈口，深弧腹，实足。胎体较厚，施绿色低温铅釉，施釉不到底，有明显的流釉痕迹。

81. 白釉葵口碗（五代）

White bowl with foliate rim

Five Dynasties

口径15.4、圈足径7.6、高7.7厘米，阳
原县文保所存。

阳原县西城镇西关出土。葵口外撇，斜
腹，圈足。通体施白色釉。

82. 童子抱鹅壶（宋）

通高15.5厘米，崇礼县文保所存。

崇礼县石嘴子乡三间房村征集。一童子骑坐在鹅的背上，童子右侧首与鹅首相靠在一起，左手叉在腰间，右手紧抱鹅脖，头置高髻，面带微笑，双肩背一件肚兜。该壶形象逼真且较为生动。

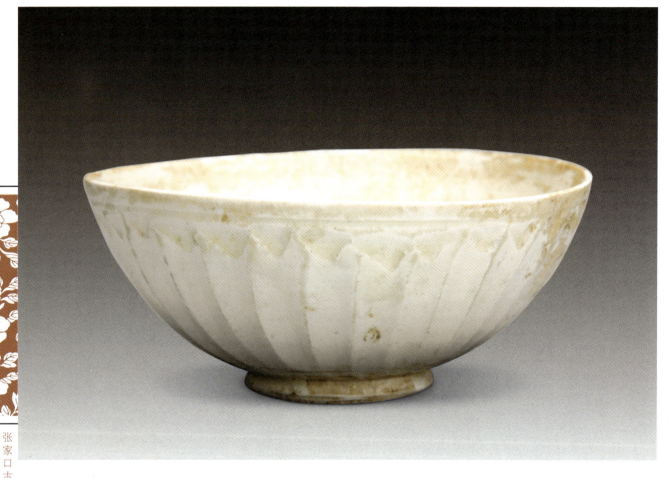

83. 白釉刻花莲瓣纹碗（宋）

White bowl with the exterior carved into lotus flower shape

Song dynasty

口径11.7、圈足径4.3、高4.8厘米，阳原县文保所存。

阳原县浮图讲乡开阳村出土。口微敞，深腹，圈足。外壁采用浅浮雕手法雕刻莲瓣纹。器身施白色釉。

84. 影青釉洗（宋）

Bluish-white (*yingqing*) glazed washer with bulbous belly

Song dynasty

口径11.2、底径4、高7厘米，蔚县博物馆藏。

1975年蔚县城内电力局工地出土。敛口，圆腹，底呈钵状，微内凹。器内外均施影青色釉，底周围无釉。

85. 白釉刻花莲瓣纹罐（辽）

White lidded jar decorated with bas-relief chrysanthemums and lotuses

Liao dynasty

口径6.7、圈足径7.5、高13.5厘米，赤城县博物馆藏。

赤城县镇宁堡乡东沟村辽代壁画墓出土。直口，短颈，丰肩，圆腹，圈足。覆盘形盖，盖正中有纽。肩部刻菊花纹，采用浅浮雕手法雕刻莲瓣纹。通体施白色釉。

86. 白釉塔形罐（辽）

White burial jar in the shape of a pagoda

Liao dynasty

底径7、通高36厘米，蔚县博物馆藏。蔚县南关出土。塔形罐是以佛塔为原型制作，整体呈圆柱形，由塔刹和塔身组成。塔刹即为罐盖，罐盖下为子口，与罐口相扣合。塔身部分呈筒状，下承双层束腰基座，平底。通体施白釉，足无釉，有火石红。

87. 三彩盘形口罐（辽）

Sancai-glazed jar with dish-shaped mouth

Liao dynasty

口径5、足径5、高13.6厘米，怀来县博物馆藏。

旧藏品，失出土地点。盘形口，圆唇，束颈，溜肩，圆鼓腹，实足。胎体厚重、坚硬，施黄、褐、白三色釉，施釉不到底，有泪痕。

88．褐釉刻瓜棱纹罐（辽至金）

Brown-glazed jar with carved grooves

Liao to Jin dynasty

口径10.7、底径11.7、高25.3厘米，尚义县文保所存。

尚义县七甲乡七甲村出土。直口，溜肩，鼓腹，下腹内收，平底。肩部刻竖瓜棱纹，腹下部划刻弦纹。通体施褐绿色釉。

89. 褐釉划花双鱼纹罐（辽至金）

Light brown glazed jar with cut-glaze double fish motif

Liao to Jin dynasty

口径7.2、底径14、高31.5厘米，尚义县文保所存。

尚义县南壕堑镇官村出土。小口，短颈，圆鼓腹，平底微内凹。腹部刻有两条对称的鱼纹图案。

90. 三彩刻花花鸟纹罐（辽）

Jar with low-fired green and yellow lead glaze covering carved bird-and-flower motif

Liao dynasty

口径6、底径5、高7.5厘米，宣化区文保所存。

2002年宣化区自来水公司职工捐赠。直口，短颈，丰肩，鼓腹，平底。器身刻花鸟纹。施绿、黄两色低温铅釉，施釉不到底。

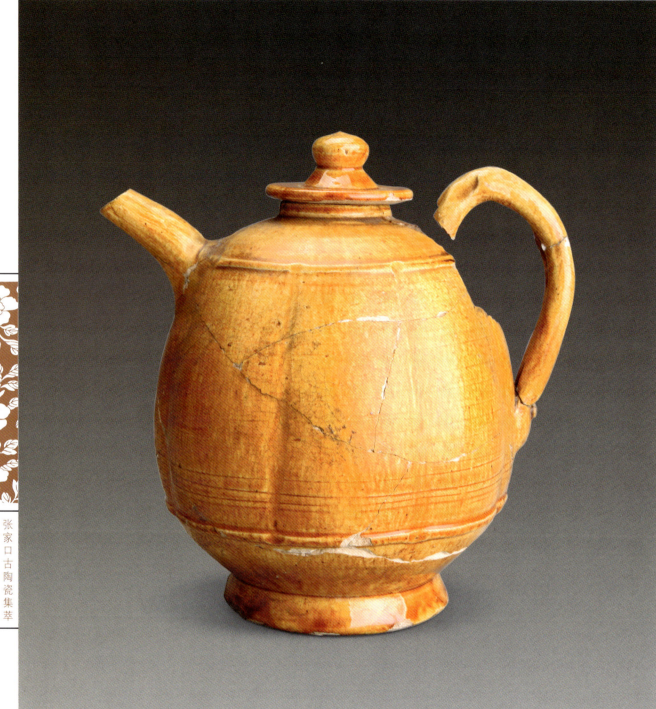

91. 黄釉瓜棱腹执壶（辽）

Yellow-glazed ewer with belly in lobed melon shape

Liao dynasty

口径3、圈足径7.8、通高16厘米，宣化区文保所存。

1993年宣化下八里辽大安九年(公元1093年)张匡正墓出土。小口，溜肩，瓜棱腹，圈足。肩部置管状流，另一侧肩、腹之间置双泥条柄。圆饼形盖，盖顶上有宝珠形纽。通体施黄色低温铅釉。

92. 白釉葵口瓜棱腹执壶（辽）

White ewer with cup-shaped mouth and melon shaped lobed belly

Liao dynasty

口径7.6、圈足径8、通高21.7厘米，宣化区文保所存。

1989年宣化下八里辽天庆七年(公元1117年)张恭诱墓出土。葵形口，细短颈，瓜棱腹，圈足。上腹部置管状弯流，另一侧颈、腹之间置柄（柄已残缺）。通体施白色釉，胎薄釉白。

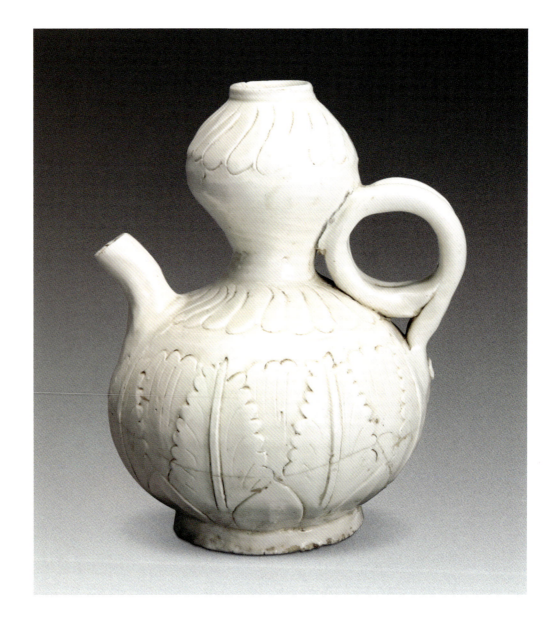

93. 白釉刻花葫芦形壶（辽）

White ewer in gourd shape with bas-relief chrysanthemum petals around the mouth and upper belly and leaf motifs on the lower belly

Liao dynasty

口径2.5、圈足径6.1、通高14.5厘米，张北县文物局存。

1996年张北县小二台乡柳条坝村出土。壶体呈葫芦形，小口微敛，圈足。肩部置管状短流，另一侧束腰处置双泥条环形柄。腹部用刀深刻出叶脉纹，口下及肩部刻菊瓣纹，刀法犀利，具有浅浮雕效果。通体施白色釉，釉色洁白。

94. 绿釉刻花马蹬壶（辽）

Green-glazed stirrup flask in leather pouch form

Liao dynasty

宽13.3、通高21厘米，宣化区文保所存。

1982年征集于宣化下八里村村民处。马蹬壶是辽代瓷器中最具民族特色的器型之一，其形状源于早期契丹人流转迁徙途中使用的革袋制品，亦称"皮囊壶"。壶体上薄下厚，扁身，壶身上部为马鞍形双孔，口置于顶部一侧，上有塔形盖。壶身边缘凸起的棱线系仿照皮囊缝合的边棱，腹部刻花卉纹。通体施绿色低温铅釉。

张家口古陶瓷集萃

95．白釉盘口壶（辽）

White pitcher with cup-shaped mouth and short spout

Liao dynasty

口径11、圈足径9.5、高28.8厘米，河北省文物研究所存。

1975年阳原县辽墓出土。碗形口，圆唇，细长颈，丰肩，深腹，管状弯流，圈足。胎色灰白，胎质较粗，通体施白釉。

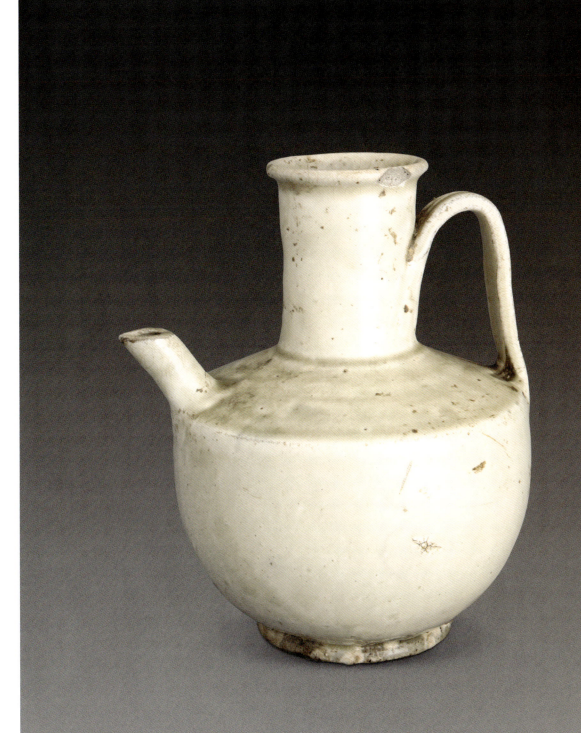

96. 白釉执壶（辽）

White ewer with long neck

Liao dynasty

口径6.7、圈足径8.8、高20.5厘米，蔚县博物馆藏。

1982年蔚县王庄子石窑水村出土。直口，圆唇，长颈，折肩，圆腹，圈足。肩部置管状短流，另一侧颈、肩之间置曲柄。通体施白色釉，圈足无釉。

97. 黄釉长颈瓶（辽）

Yellow-glazed vase with long neck and cup-shaped mouth

Liao dynasty

口径9、圈足径11.4、高37厘米，赤城县博物馆藏。

赤城县镇宁堡乡东沟村辽代壁画墓出土。喇叭形口，长颈，丰肩，鼓腹，下腹渐收，圈足。肩部装饰乳钉纹和对称斜条纹，颈部饰弦纹。通体施浅黄色釉。

98. 白釉刻花长颈瓶（辽）

White vase with long beck and impressed ribs on the belly

Liao dynasty

口径5、圈足径5、高18.3厘米，崇礼县文保所存。

崇礼县红旗营乡圆房子村墓葬出土。喇叭形口，长颈，丰肩，鼓腹，圈足。腹部为莲瓣纹。器身通体施白釉。

99. 青釉鸡腿瓶（辽）

Greenware vase in chicken leg
shape (*jituiping*)

Liao dynasty

口径6.8、底径10、高58厘米，张北
县文物局存。

1986年张北县小二台乡新房营出土。
小口，束颈，瓶身瘦长，平底。外壁
瓦纹不明显。通体施青绿色釉，釉层
较薄。

100. 酱釉鸡腿瓶（辽）

Soy-brown glazed vase in chicken leg shape (*jituiping*)

Liao dynasty

口径4.5、底径7、高33厘米，张北县文物局存。1989年张北县二泉井乡海子洼村出土。小口，束颈，瓶身瘦长，平底。外壁饰瓦纹。通体施浅酱色釉。

101. 酱釉鸡腿瓶（辽）

Soy-brown glazed vase in chicken leg shape
(*jituiping*)

Liao dynasty

口径5.5、底径7、高41厘米，张北县文物局存。
1989年张北县二泉井乡海子洼村出土。平口，束颈，
平底。外壁饰瓦纹。全身施酱色釉，施釉不到底。

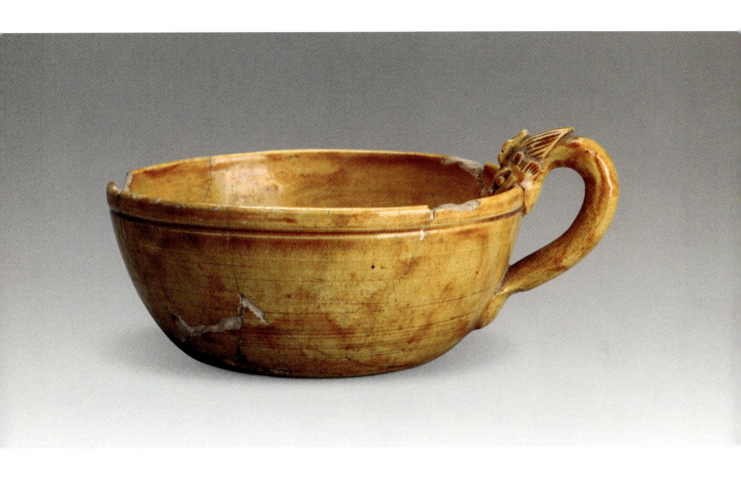

102. 黄釉龙柄碗（辽至金）

Yellow-glazed bowl with dragon handle

Liao to Jin dynasty

口径14、通宽7.2、高5.7厘米，宣化区文保所存。

1989年宣化下八里张世本墓出土。侈口，平沿，弧腹，平底。龙形曲柄，龙嘴衔口沿，龙尾置于腹下。口沿下刻一道弦纹。通体施黄色低温铅釉。

张家口古陶瓷集萃

103. 黄釉碗（辽）

Yellow-glazed bowl

Liao dynasty

口径15.6、圈足径16.8、高8.2厘米，宣化区文保所存。

1993年宣化下八里辽大安九年(公元1093年)张匡正墓出土。敞口，卷沿，深腹，圈足。通体施黄色低温铅釉。

104. 越窑青釉划花卷草纹碗（辽）

Yue ware bowl with carved circular flower design encircled by stylized floral tendrils

Liao dynasty

口径 22.5、圈足径 10.3、高 10 厘米，赤城县博物馆藏。
赤城县镇宁堡乡东沟村辽代壁画墓出土。侈口，深腹，圈足，足底有垫烧痕迹。内壁划刻卷草纹图案，碗底正面划刻轮花纹。通体施青绿色釉，釉色微微泛黄。

105. 白釉刻花碗（辽）

White bowl with carved lotuses

Liao dynasty

口径17、圈足径5.6、高3.7厘米，怀来县博物馆藏。
怀来县孙庄子乡芦庄子村西北辽墓出土。敞口，浅腹，圈足。
盘内刻莲花纹。通体施白釉，釉色泛灰。

106. 白釉葵口碗（辽至金）

White bowl in lobed shape with carved ribs

Liao to Jin dynasty

口径10.8、圈足径3、高3.7厘米，宣化区文保所存。

1989年宣化下八里张世本墓出土。葵口外撇，弧腹，圈足，器内壁对应葵口有六条凸起的竖筋。器壁较薄，通体施白色釉。

107. 白釉葵口碗（辽）

White lobed bowl

Liao dynasty

口径19.2、圈足径6.5、高7.2厘米，河北省文物研究所存。

1975年阳原县辽墓出土。葵口外撇，斜腹，圈足。胎色灰白，胎质较粗，通体施白釉。

108. 三彩花卉纹折沿盆（辽至金）

Sancai-glazed bowl with carved lotus in the center

Liao to Jin dynasty

口径25.5、圈足径10.2、高6.8厘米，宣化区文保所存。

1989年宣化下八里张世本墓出土。出土时置于木制盆架之上，为实用器皿。六出敞口，折沿，浅腹，圈足。通体施黄色低温铅釉，器内底部划刻莲花，花瓣用白、绿两色填绘。

张家口古陶瓷集萃

109. 绿釉八出口浅腹盆（辽）

Sancai-glazed bowl with dragon handle

Liao dynasty

口径32、底径26、高7.5厘米，河北省文物研究所存。

1975年阳原县辽墓出土。盆呈圆形，八出口，浅腹，平底。通体施绿色釉，
釉中泛黄，器内中央底部划刻莲花，花瓣用深黄色填绘，在其周围划刻四条
游鱼。

110. 三彩刻花盘（辽）

Sancai-glazed dish with carved floral design

Liao dynasty

口径10.8、圈足径5.4、高2.6厘米，赤城县博物馆藏。
赤城县镇宁堡乡正阳东村出土。敞口，方唇，浅腹，矮圈足。盘内
划刻花卉纹，施绿、黄、白三色釉彩。

111. 黄釉唾盂（辽至金）

Yellow-glazed spittoon

Liao to Jin dynasty

口径16.6、圈足径5.8、高11.2厘米，宣化区文保所存。

1989年宣化下八里张世本墓出土。敞口，束腰，小圆腹，圈足。通体施黄色低温铅釉。

112. 黄釉花口盏托（辽至金）

Yellow-glazed cup stand

Liao to Jin dynasty

口径7、圈足径5.7、托盘直径15、通高7.3厘米，宣化区文保所存。1989年宣化下八里张世本墓出土。敛口，深腹，腹部下收与托盘相连，托盘六出敞口，浅腹，高圈足。口沿下刻一道弦纹，通体施黄色低温铅釉。

113. 褐釉留白划花长方形枕（辽）

Brown-glazed headrest with incised floral and animal motifs

Liao dynasty

长19.5、宽13.3、高9.5厘米，赤城县博物馆藏。

赤城县镇宁堡乡东沟村壁画墓出土。枕面呈长方形，两端微翘，枕身为上宽下窄的梯形，平底无釉。施褐色釉。枕面及前后左右四壁，采用留白划刻的技法，分别装饰花卉、动物纹样，其中枕面及后壁划刻花卉纹，前壁划刻羊纹，左右壁划蝴蝶纹。

114. 三彩镂空花卉纹长方形砚（辽）

Sancai lead-glazed openwork inkstone with moulded flower motif on the front and ink inscriptions on the underside bottom

Liao dynasty

长 21、宽 12.5、高 12.3 厘米，宣化区文保所存。

旧藏品，失出土地点。砚体呈长方形，砚面一端堆塑两只卧狮，砚身采用模印和镂雕技法装饰花卉纹，下承带有壶门开光的须弥座。通体施绿色低温铅釉，仅花卉部分点以黄色釉彩。砚底部边沿有"大兴鲁白水题"、"引玉楼中供养"、"戊子十日"墨书题记。

115. 三彩烛台（辽至金）

Sancai lead-glazed candle holder with S-shaped handles and appliqué flaming orb motifs

Liao to Jin dynasty

圈足径4.5、高11厘米，崇礼县文保所存。

崇礼县驿马图乡征集。敞口，口部已残，束颈，鼓腹，圈足露胎，底镂空。颈部附双耳，腹部对称开光为火焰纹。口、颈部施黄釉，腹部、圈足施绿釉。

116. 黄釉烛台（辽至金）

Yellow-glazed candle holder in the shape of a flaming orb

Liao to Jin dynasty

口径4.7、圈足径10.5、高26厘米，崇礼县文保所存。

崇礼县高家营镇中山沟乡征集。平口，长颈，圆鼓腹，圈足，底镂空。两侧置对称火焰纹耳，从腹部连接高于口沿之上，足部有三个支丁。全身施深黄釉。

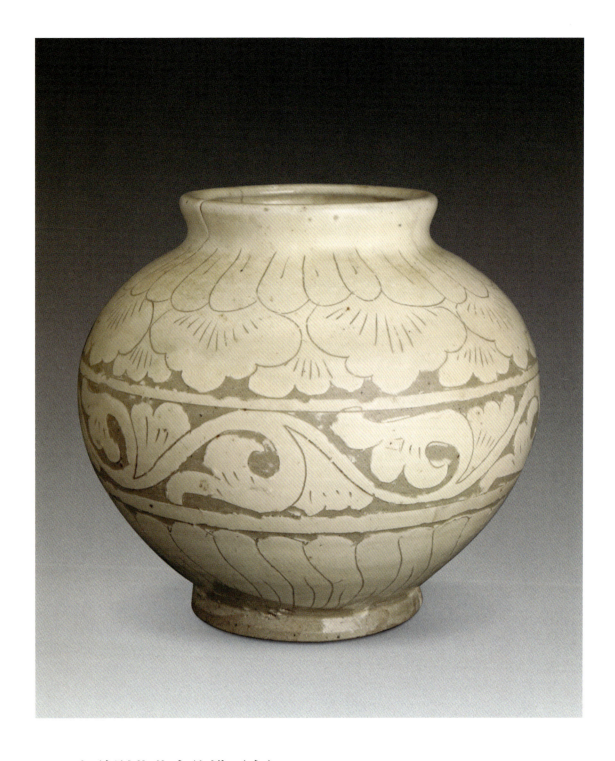

117. 白釉剔花花卉纹罐（金）

White-slipped jar with sgraffito leaf and floral scroll motifs

Jin dynasty

口径10、圈足径9.6、高18厘米，蔚县博物馆藏。
1985年蔚县县医院工地出土。直口，短颈，溜肩，鼓腹，圈足。肩部及下腹部采用划花技法，分别划刻花卉纹和莲瓣纹，腹部采用剔花技法，装饰一周卷草纹。通体施白釉，圈足底部露胎。

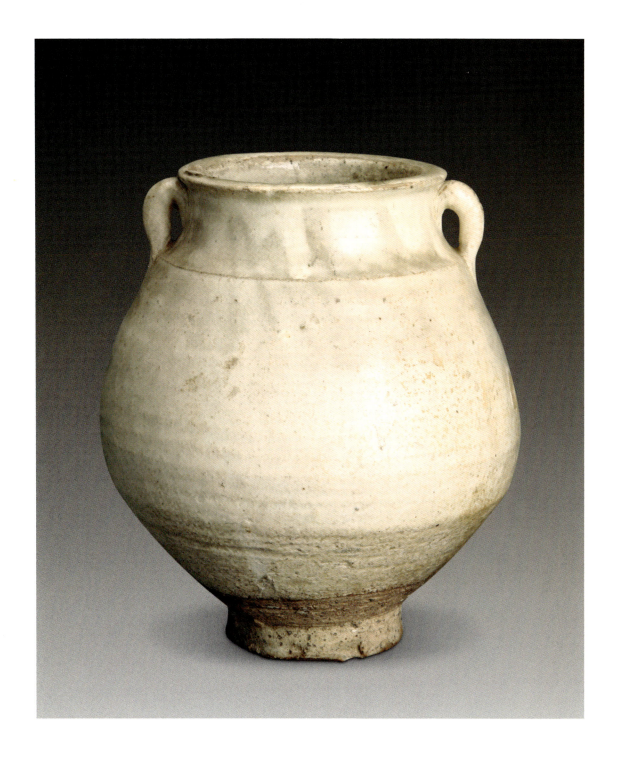

118. 白釉双系罐（金）

White jar with two loop-lugs and bulbous belly

Jin dynasty

口径10、圈足径6.8、高19厘米，宣化县文保所存。

宣化县寨山坡刘仲德墓出土，口微侈，圆唇，束颈，溜肩，鼓腹，下腹内收，圈足。颈部两侧置双系。施白色釉，下腹及圈足无釉。

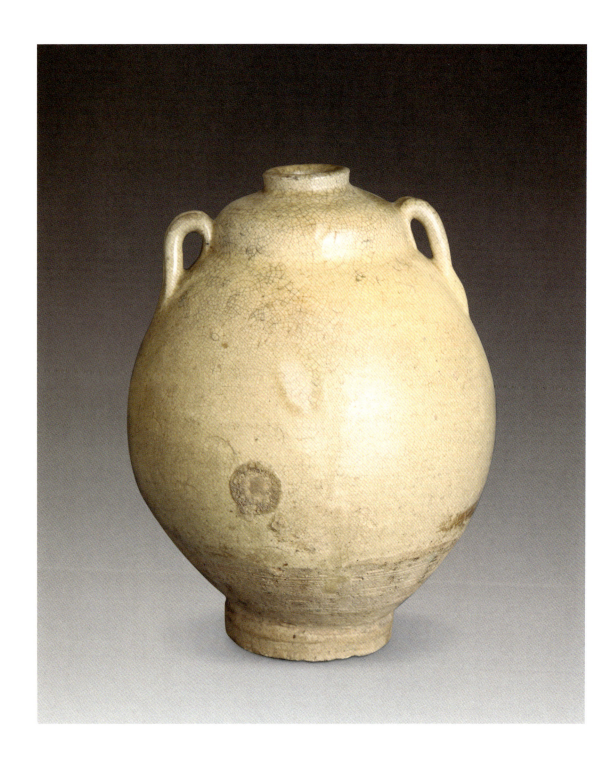

119. 黄釉小口双系罐（金）

Yellow-glazed jar with two loop-lugs and bulbous belly

Jin dynasty

口径3、圈足径6.3、高17.7厘米，康保县文保所存。

康保县文保所征集。小口，口下有隆起的丰肩，鼓腹，下腹内收，圈足。肩部两侧置双系。施浅黄色釉，釉面有细碎的开片纹。

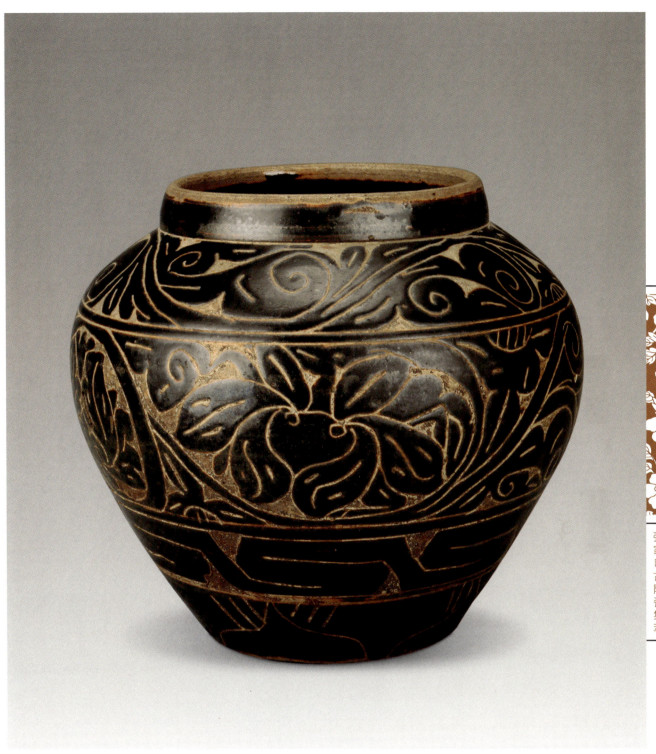

120．黑釉剔花缠枝莲纹罐（金）

Black-glazed jar with sgraffito floral motifs

Jin dynasty

口径 14.5、底径 13.3、高 23.1 厘米，河北省文物研究所存。

1971 年宣化县出土。直口微敛，短颈，溜肩，鼓腹，平底。腹部剔刻缠枝莲纹，肩部及下腹部分别刻卷草纹和回纹，近底部划刻草叶纹。胎色灰黄，通体施黑釉。

121. 褐釉刻莲花纹小口罐（金）

Brown-glazed jar with incised lotus motif

Jin dynasty

口径6、底径12、高25.5厘米，赤城县博物馆藏。

1986年赤城县东栅子乡正阳墩村征集。直口，圆唇，束颈，鼓腹，平底微内凹。肩、腹部刻莲瓣和荷花纹，线条自然流畅。通体施褐色釉。

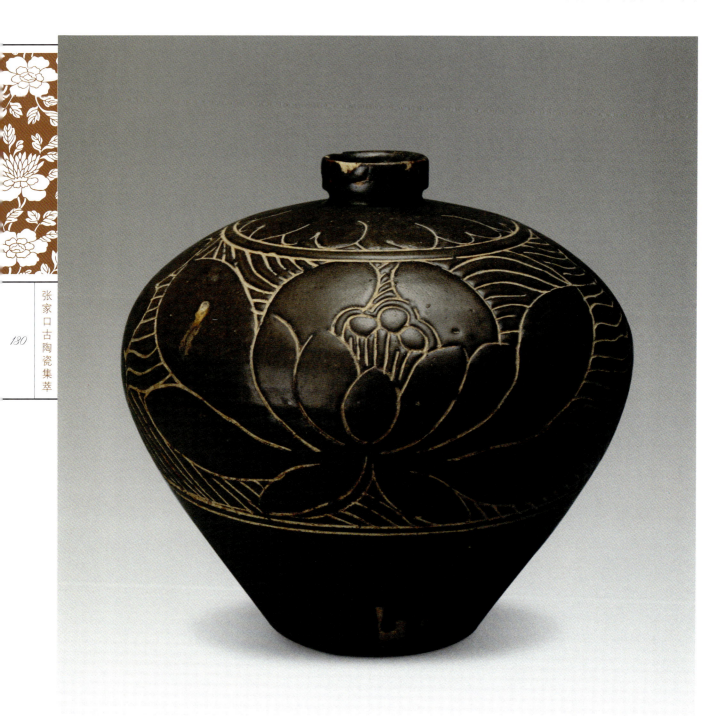

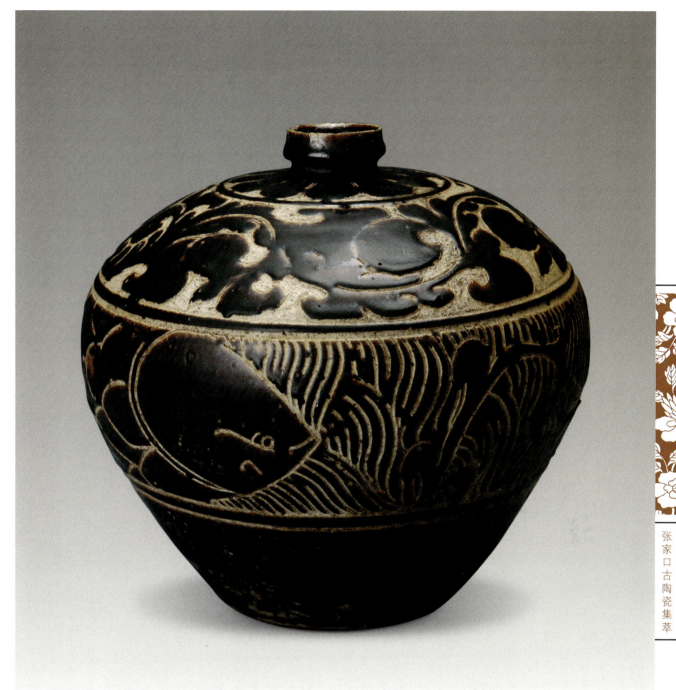

122．黑釉剔花花卉纹小口罐（金）

Black-glazed jar with *sgraffito* lotus motif

Jin dynasty

口径5.5、底径14.5、高28厘米，赤城县博物馆藏。

赤城县独石口镇出土。小口，尖圆唇，束颈，溜肩，鼓腹，平底内凹。采用剔花技法，口部下端和肩部分别装饰变形莲瓣纹和缠枝花卉纹，腹部饰游鱼及莲花纹。通体施黑釉。

123. 白釉褐彩花卉纹四系瓶（金）

White-and black- glazed jar with stylized floral motif in Cizhou style

Jin dynasty

口径 4、圈足径 8.4、高 26 厘米，张北县文物局存。

旧藏品，失出土地点。直口，四系，溜肩，圆鼓腹，圈足。器身上半部施白釉，下半部施黑釉，上半部用褐釉饰花卉纹。

124. 白釉褐彩戳印童子舞蹈纹长方形枕（金）

White headrest stamped on the top with framed human and flower motifs

Jin dynasty

长 21.2、宽 13.5、高 10.5 厘米，河北省文物研究所存。1966 年宣化瓷厂出土。枕呈长方形，枕面略凹，两端上翘，两侧壁一侧有一气孔，另一侧有两个气孔。枕面中心戳印六个头戴球形巾、手抱瓜状物的舞蹈童子，上下各戳印九朵花瓣纹，三组纹饰之间用双线隔开。枕的四壁模印花卉纹。胎色灰白，釉色白中泛黄。

●云龙纹

125. 磁州窑白釉褐彩龙凤纹罐（元）

Cizhou-style jar with dragon and phoenix motif in reserved panels

Yuan dynasty

●飞凤纹

口径 22.5、底径 23、高 45.2 厘米，赤城县博物馆藏。

赤城县镇宁堡中所村出土。直口，短颈，溜肩，鼓腹，下腹内收，平底。近口部饰一周网格纹，肩部绘缠枝花卉纹，腹部对称开光内分别用褐彩绘云龙纹和飞凤纹。通体施白釉。此罐绘画精美，线条生动活泼，为元代磁州窑精品。

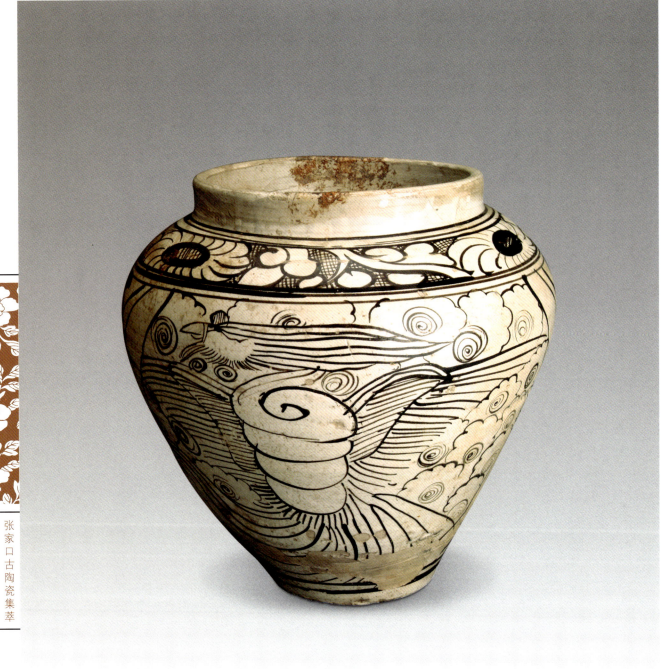

126. 磁州窑白釉褐彩龙凤纹罐（元）

Cizhou-style jar with dragon and phoenix motif in reserved panels

Yuan dynasty

口径18.8、底径12.1、高28.1厘米，宣化县文保所存。

宣化县崞村镇龙门坡村出土。直口、短颈、溜肩、鼓腹、下腹内收、平底。肩部以细密的网格纹为地，用"褐地白花"的手法勾画出一组缠枝菊花纹。腹部对称开光内分别用褐彩绘云龙纹和飞凤纹。通体施白釉。

127. 白釉褐彩花卉纹罐（元）

White jar with brown flower motif

Yuan dynasty

口径23.4、底径20.5、高35厘米，张北县文物局存。

旧藏品，失出土地点。直口，溜肩，鼓腹，平底。器身通体施白釉，肩、腹部用褐彩绘出三组弦纹，而后分别饰锯齿和褐彩花卉纹。

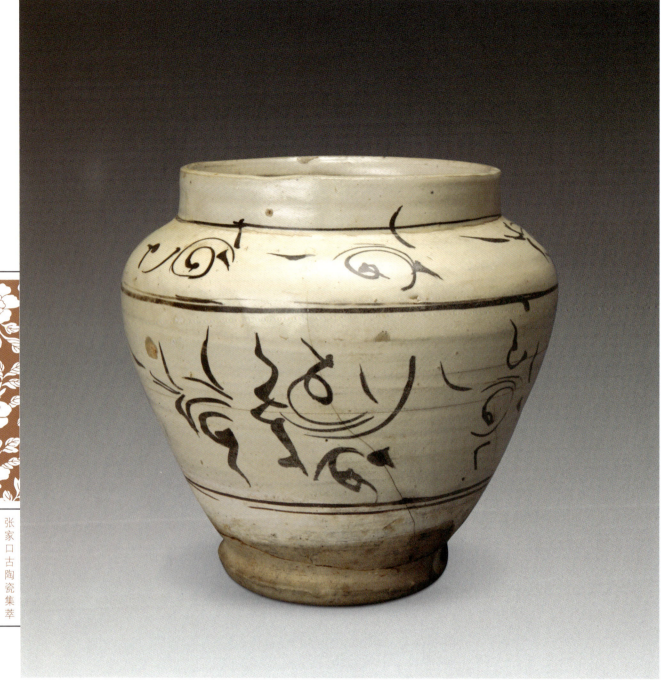

128. 白釉褐彩花卉纹罐（元）

White jar with stylized flower motif

Yuan dynasty

口径12.8、圈足径9.6、高16.8厘米，赤城县博物馆藏。赤城县赤城镇东门外出土。直口，溜肩，鼓腹，下腹内收，圈足。肩、腹部用褐彩绘出简单的花草图案。施白釉，足底露胎。

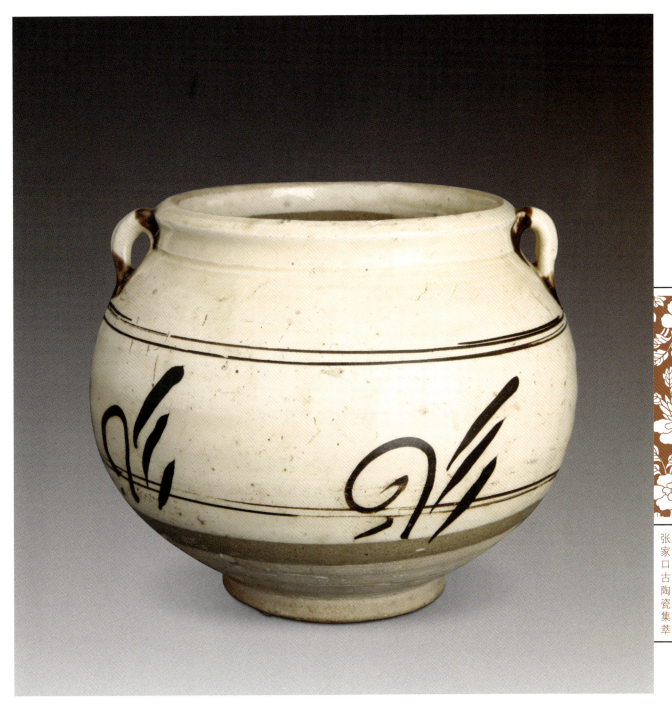

129. 白釉黑彩花卉纹双系罐（元）

White jar with two loop-lugs and stylized black leaf motif

Yuan dynasty

口径16、圈足径14.2、高19.2厘米，蔚县博物馆藏。

1981年蔚县邮电局家属院工地出土。侈口，束颈，溜肩，鼓腹，圈足。颈、肩部之间置对称的双系。肩部及下腹各绘有两条黑线弦纹，腹部用极简练的笔法绘出四朵花形图案。施白釉，下腹及圈足无釉。

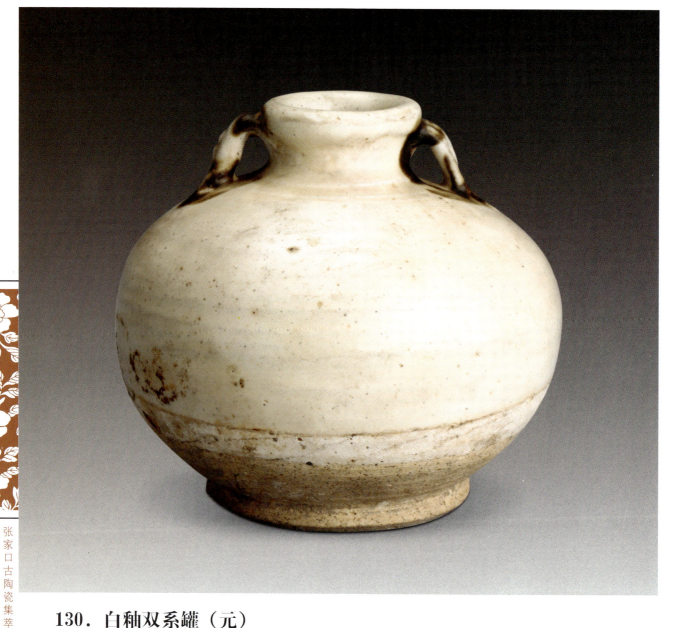

130. 白釉双系罐（元）

White jar with two loop-lugs

Yuan dynasty

口径4、圈足径6.8、高10.1厘米，宣化县文保所存。
宣化县崞村镇龙门坡村出土。小口，圆唇，束颈，丰肩，鼓腹，圈足。颈、肩部之间置对称的双系。器身施白色釉，下腹及圈足无釉。

131. 龙泉窑青釉荷叶盖瓜棱罐（元）

Longquan celadon jar with lotus leaf cover and ribs

Yuan dynasty

口径27、圈足径20.5、通高32厘米，赤城县博物馆藏。
赤城县云州乡征集。直口，溜肩，鼓腹，圈足。罐身及荷叶形盖均装饰凸起的竖瓜棱。胎体厚重，通体施青釉，釉色清翠鲜艳。

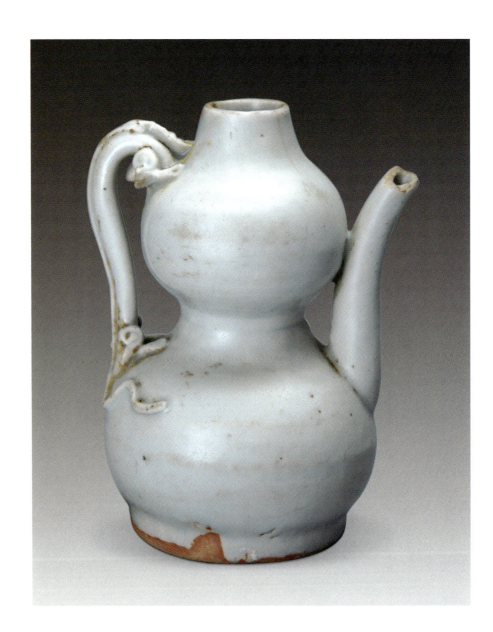

132. 影青釉龙柄葫芦形壶（元）

Bluish-white (yingqing) glazed vase in gourd shape with dragon handle

Yuan dynasty

口径2.5、圈足径6、高12厘米，崇礼县文保所存。

崇礼县四台嘴乡谷嘴子村征集。器身为葫芦形，小口，圈足，流微弯，与流对称为龙形柄。通体施影青釉。

133. 白釉黑彩 "内府" 款梅瓶（元）

White *meiping* (lit. plum vase) with a "*Neifu* (Imperial Household)" mark in ink on the shoulder
Yuan dynasty

口径6、圈足径13.5、高36.3厘米，怀来县博物馆藏。

旧藏品，失出土地点。小口，口沿施褐彩一周，圆唇，细颈，丰肩，肩、腹部用褐彩书 "内府" 二字，圈足。通体施白釉。

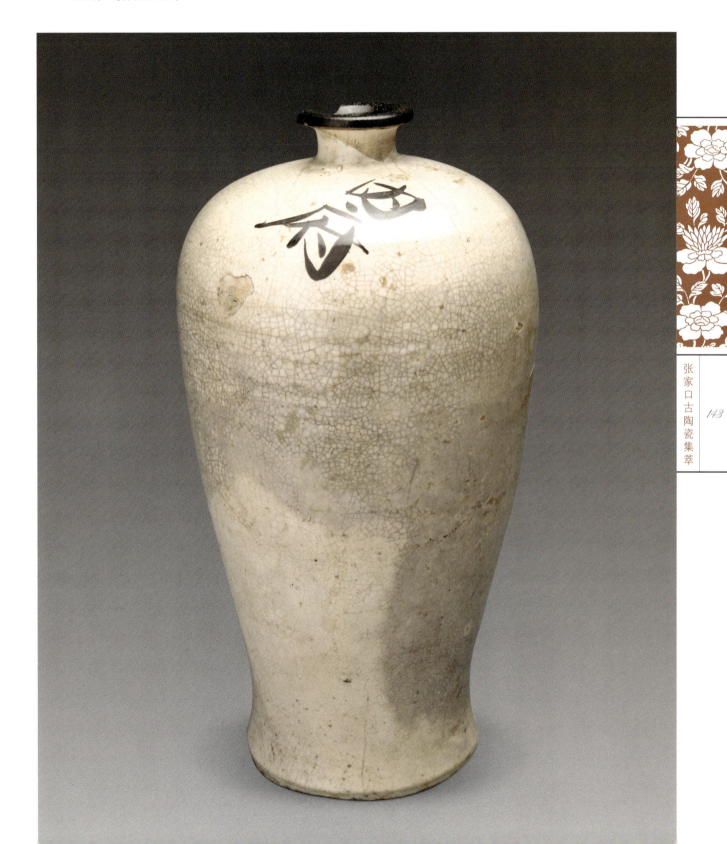

张家口古陶瓷集萃

134. 白釉"内府"款梅瓶（元）

White *meiping* with a "*Neifu* (Imperial Household)" mark
in ink on the shoulder

Yuan dynasty

口径5.1、圈足径14.5、高32.8厘米，赤城县博物馆藏。
赤城县政府院内出土。小口，圆唇，细颈，丰肩，深腹，下腹内收
后微外撇，圈足。通体施白釉，肩、腹部用黑彩书"内府"二字。

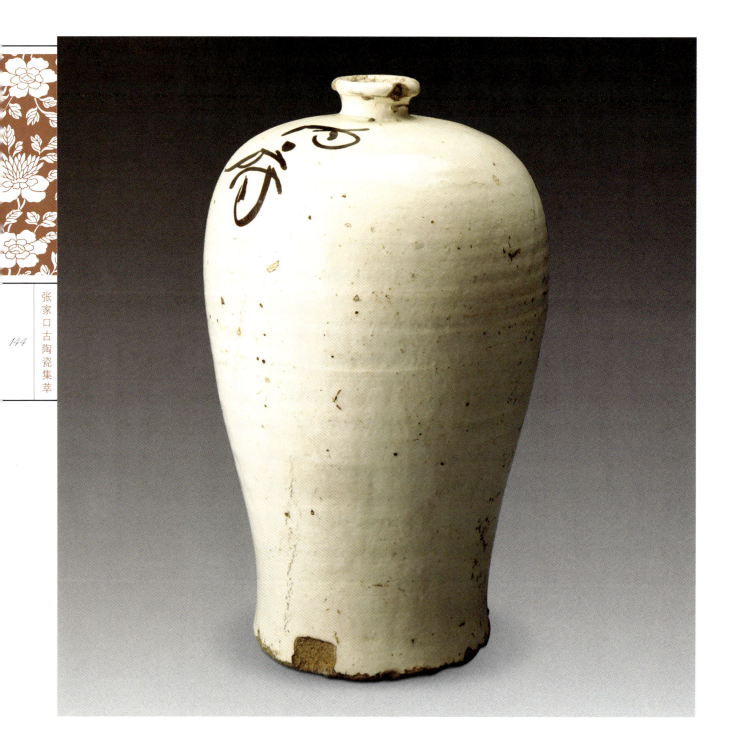

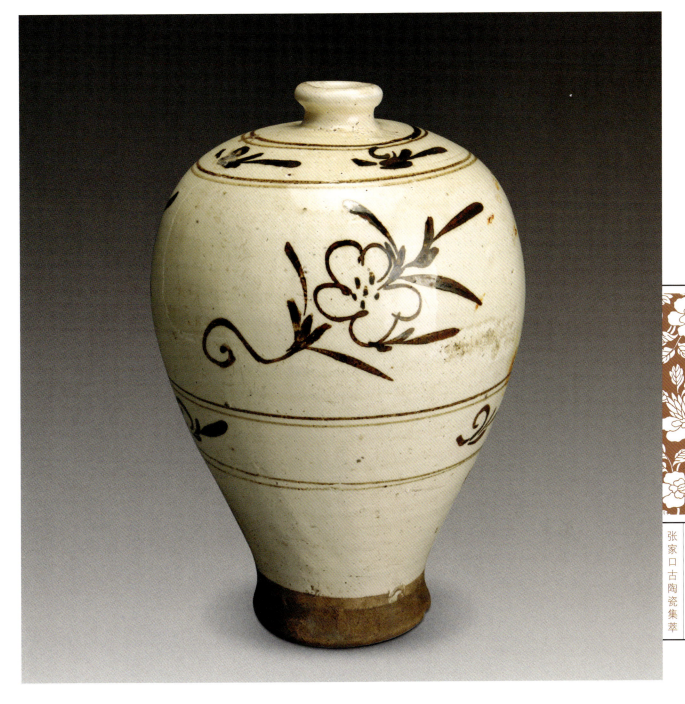

135. 白釉褐彩花卉纹梅瓶（元）

White *meiping* with floral motif in ink on the upper belly

Yuan dynasty

口径4.5、圈足径10.2、高30.1厘米，张北县文物局存。

2005年张北县大庙底工地出土。小口，圆唇，丰肩，鼓腹，下腹内收，圈足。肩、腹部以弦纹分隔为三部分，弦纹之间分别用褐彩绘出简洁的花卉纹。

136. 白釉褐彩花卉纹四系瓶（元）

White vase with four small loop-lugs around the neck and three ink
stylized flowers framed by three groups of double-rings

Yuan dynasty

口径5.5、圈足径9.5、高32.5厘米，蔚县博物馆藏。

1961年蔚县章家窑出土。小口，细颈，丰肩，深腹，圈足。颈、肩部之间置
对称四系，肩、腹部以弦纹分隔为三部分，弦纹之间分别用褐彩绘出三朵简
洁的花形图案。器表施白色釉，下腹及圈足露胎。

137. 白釉黑彩"王家酒瓶用"款四系瓶（元）

Four-lug vase inscribed in ink with a five-character inscription "*Wang jia jiu ping yong* (wine bottle for Wang's family use only)"

Yuan dynasty

口径4.8、圈足径10.5、残高28.7厘米，尚义县文保所存。

尚义县下马圈乡上马圈村出土。口部及四系残缺，溜肩，深腹，圈足。上腹部用黑彩书"王家酒瓶用"五字。上腹部施白釉，下腹部施黑色釉。

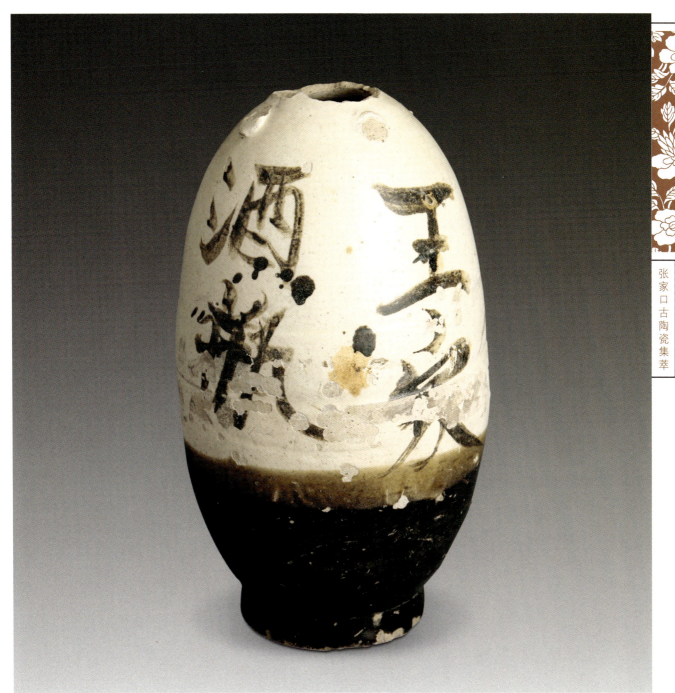

138. 黑釉梅瓶（元）

Black-glazed *meiping*

Yuan dynasty

口径4.3、圈足径10、高24厘米，赤城县博物馆藏。

赤城县政府院内出土。小口，圆唇，细颈，丰肩，深腹，下腹内收后外撇，圈足。通体施黑色釉，近足部无釉。

张家口古陶瓷集萃

139. 褐釉梅瓶（元）

Brown-glazed *meiping* with a band around the neck exposing the clay body inside

Yuan dynasty

口径4.2、圈足径8.6、高25.4厘米，赤城县博物馆藏。

赤城县政府院内出土。小口，圆唇，细颈，圆肩，鼓腹，下腹内收后外撇，圈足。通体施褐色釉，肩部有一宽1.2厘米的无釉涩圈。

140. 黑褐釉梅瓶（元）

Brown-glazed *meiping* with bulbous upper belly and flared base

Yuan dynasty

口径4.8、圈足径10.5、高28.7厘米，尚义县文保所存。

尚义县小蒜沟镇北槽碾村出土。小口，圆唇，矮颈，丰肩，深腹，下腹内收后外撇，圈足。通体施黑褐色釉。

141. 钧窑天蓝釉碗（元）

Sky-blue glazed bowl with purple splashes, Jun ware style

Yuan dynasty

口径19.8、圈足径7、高5.6厘米，张北县文物局存。

1994年张北县工商行大楼工地出土。敛口，圆唇、弧腹，圈足。通体施天蓝色釉，足露胎。

142. 龙泉窑青釉菊瓣口碗（元）

Longquan celadon lobed bowl with fine cracks

Yuan dynasty

口径10.3、圈足径3.5、高5厘米，宣化县文保所存。

宣化县崞村镇龙门坡村出土。菊瓣式敞口，深腹，圈足。器身细开片，通体施青绿色釉，釉面有明显的开片纹。

143. 龙泉窑青釉刻花花卉纹碗（元）

Longquan celadon bowl with finely incised floral motif inside and
lines below the rim on the outside

Yuan dynasty

口径18.7、圈足径6.5、高8厘米，涿鹿县文保所存。

1989年涿鹿县大堡乡祁家洼村至元二年（公元1336年）史安墓出土。敞口，
圆唇，弧腹，圈足。碗内壁划刻花卉纹，外壁口沿下划刻带有斜折线的弦纹。

144. 卵白釉印花云龙纹高足碗（元）

*Egg-white glazed stem bowl with finely incised dragon motif inside,
Shufu (Privy Council) style*

Yuan dynasty

口径10.8、圈足径4、高8.5厘米，涿鹿县文保所存。

1989年涿鹿县大堡乡祁家洼村至元二年（公元1336年）史安墓出土。敞口，
圆唇，深腹，高足。碗底模印宝珠纹，内壁印一条环珠腾飞的巨龙。通体施
卵白釉（又称"枢府釉"）。

145. 影青釉碗（元）

Bluish-white (*yingqing*) glazed deep-bodied bowl

Yuan dynasty

口径16.4、圈足径6.3、高7.8厘米，张北县文物局存。

1985年张北县一中伙房工地出土。侈口，尖圆唇，深腹，圈足。碗内外壁施影青釉。

146. 白釉葵口碗（元）

White lobed bowl

Yuan dynasty

口径17.8、圈足径6、高4.5厘米，宣化县文保所存。

宣化县崞村镇龙门坡村出土。葵口，浅腹，圈足。对应葵口有六条凸起的竖筋。通体施白釉，圈足无釉。

147. 龙泉窑青釉印花卷云纹花口盘（元）

Longquan celadon lobed bowl

Yuan dynasty

口径15.3、圈足径5.5、高3.5厘米，涿鹿县文保所存。

1989年涿鹿县大堡乡祁家洼村至元二年（公元1336年）史安墓出土。花口外撇，浅腹，圈足。盘内壁印水波纹一周，其下用竹节纹分隔成十二个小格，格内印卷云纹。

张家口古陶瓷集萃

148. 龙泉窑青釉贴花双鱼洗（元）

Longquan celadon lobed bowl with double-fish appliqué

Yuan dynasty

口径13、圈足径5.5、高3.5厘米，张北县文物局存。
2005年张北县大庙底工地出土。敞口，折沿，弧腹，圈足。底部中央采用贴花技法堆贴两条游鱼，内壁划刻水草纹。通体施青绿色釉。

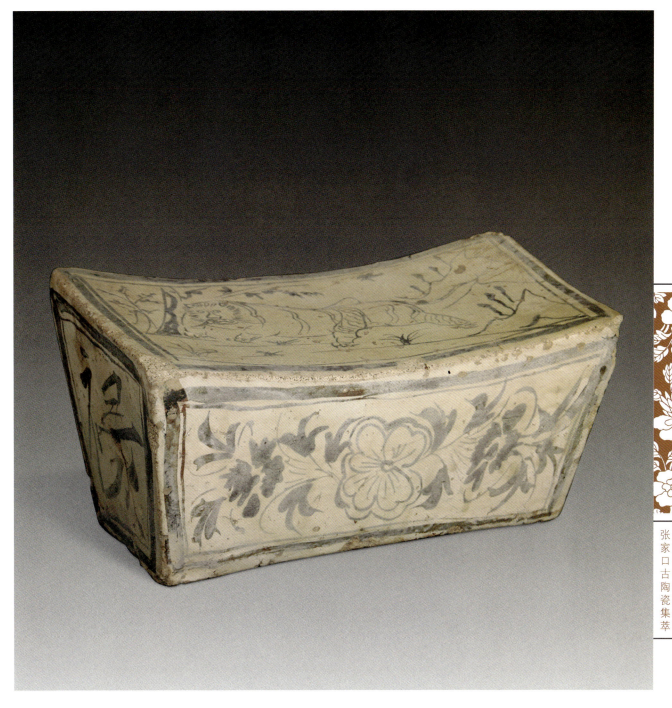

149. 磁州窑白釉黑彩虎纹长方形枕（元）

Cizhou ctyle headrest with tiger painting on the top, flowers on the front, snow landscape on the back, character "*lu* (wage)" on the left side and "*fu* (fortune)" on the right side

Yuan dynasty

长 29、宽 16.4、高 14.5 厘米，蔚县博物馆藏。

蔚县城内西关外护城河出土。枕呈长方形，两端微翘，平底。枕面及四壁采用白釉黑彩装饰，枕面方框内绘猛虎及山石树木，前壁绘花卉纹，后壁绘纷飞的瑞雪，左侧书一"禄"字，右壁书一"福"字。通体施白釉，底部无釉。

150. 钧窑月白釉三足香炉（元）

Moon-white (*yuebai*) glazed tripod incense burner, Jun ware style

Yuan dynasty

口径14.5、高14厘米，张北县文物局存。

2003年张北县师范教学楼工地出土。直口，束颈，鼓腹，三足，颈部附直立双耳。腹部贴饰团形花纹。通体施月白釉。

151．影青釉三足炉（元）

Bluish-white (*yingqing*) glazed tripod incense burner with hoof-shaped legs

Yuan dynasty

口径12、高11.5厘米，蔚县博物馆藏。

1975年蔚县县城电力局工地出土。侈口，折沿，直颈，鼓腹，下腹部置三个蹄形足。

通体施影青釉，釉层均匀，釉色晶莹明亮。

152. 影青釉灯盏（元）

Bluish-white (*yingqing*) glazed stem cup

Yuan dynasty

口径7、足径5.5、高8.7厘米，张北县文物局存。

旧藏品，失出土地点。灯盏上部为碗形，碗中有一空心柱体，下部为高足。器身整体施影青釉，足底无釉。

153. 白釉点褐彩羊（元）

White ram figurine with brown mottled décor

Yuan dynasty

长8.5、高4厘米，尚义县文保所存。

尚义县下马圈乡上马圈村出土。瓷羊采用捏制手法成形，羊角盘曲，羊首微侧，呈站立状。通体施白釉，足部露胎。羊的眼、首、背、尾用褐色斑点加以装饰。

154．黑褐釉条纹罐（明）

Black-and brown-glazed jar with streaks on the upper belly

Ming dynasty

口径7.4、圈足径6、高10.6厘米，赤城县博物馆藏。

1992年赤城县马营乡车家沟明弘治六年（公元1493年）王俊墓出土。直口，平沿，短颈，丰肩，鼓腹，下腹内收，圈足。采用二次施釉法，底层施黄褐色釉，上腹施黑釉并加绘褐色竖条纹。

155. 黑釉罐（明）

Black-glazed jar

Ming dynasty

口径7、圈足径6.4、高10.4厘米，赤城县博物馆藏。

1992年赤城县马营乡车家沟明弘治六年（公元1493年）王俊墓出土。直口，短颈，丰肩，鼓腹，圈足。施黑色釉，釉色黑灰，圈足无釉。

张家口古陶瓷集萃

156. 黑釉罐（明）

Black-glazed jar

Ming dynasty

口径7.6、圈足径5.6、高10.4厘米，赤城县博物馆藏。

1992年赤城县马营乡车家沟明弘治六年（公元1493年）王俊墓出土。子母口、短颈、丰肩、鼓腹、圈足。罐盖缺失。通体施黑釉，釉色漆黑光亮。口部和圈足露胎。

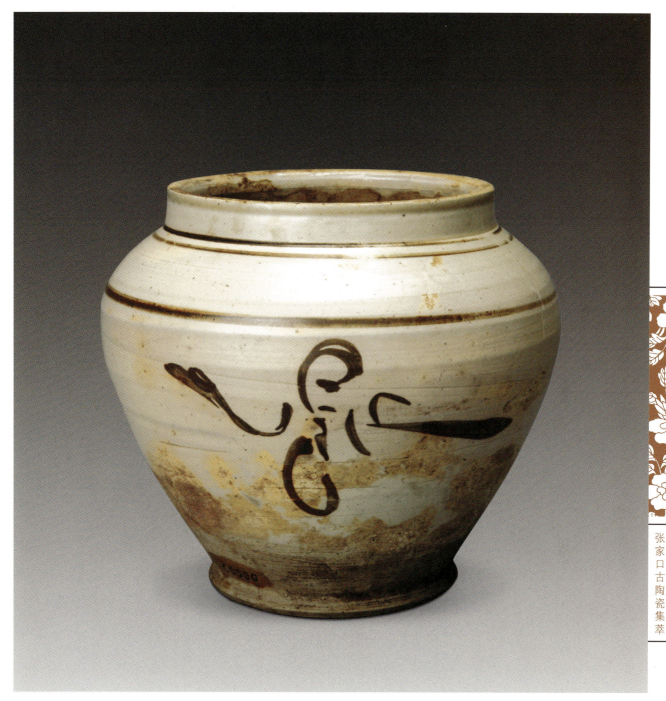

157. 白釉褐彩花卉纹罐 (明)

Cizhou style white jar with black stylized floral motif

Ming dynasty

口径12、圈足径10、高15.5厘米，赤城县博物馆藏。

1992年赤城县马营乡车家沟明代中期王佐墓出土。直口，平沿，短颈，丰肩，鼓腹，下腹内收，圈足。肩部绘褐彩三条弦纹，腹部绘简单的花卉纹。通体施白釉，下腹部及圈足露胎。

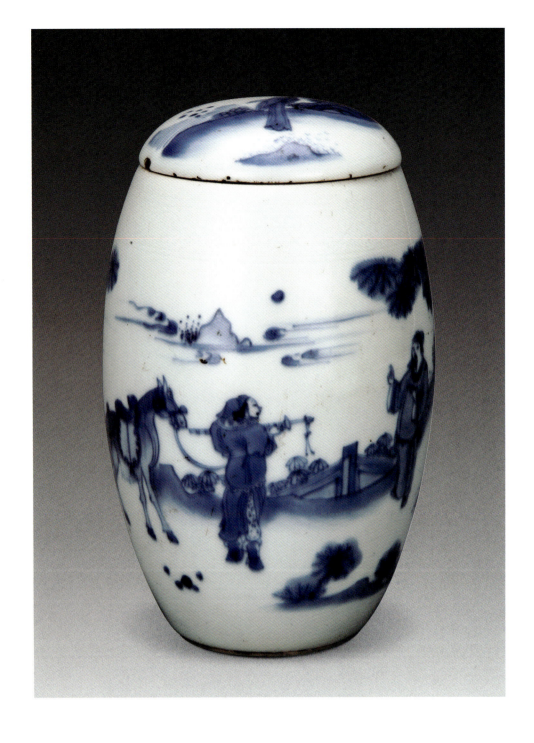

张家口古陶瓷集萃

158. 青花人物纹莲子罐（明）

Blue-and-white covered jar with figures in landscape

Ming dynasty

口径8.6、底径6.2、通高17.7厘米，河北省文物研究所存。

1965年宣化县出土。罐体呈莲子状，中间微鼓，两端略细，腹部饰山水人物纹。口沿暗刻卷草纹，近底部暗刻变体莲瓣纹。盖面绘山水人物纹。青花色泽鲜艳明快，层次分明。胎体洁白坚致，通体施白釉，釉色白中微微泛青。

159. 青花花鸟纹莲子罐（明）

Blue-and-white covered jar with bird and floral motif

Ming dynasty

口径7.8、底径6、通高17.3厘米，河北省文物研究所存。

1965年宣化县出土。罐体呈莲子状，中间微鼓，两端略细，腹部饰花鸟纹。口沿、盖面亦绘花鸟纹。青花色泽鲜艳明快，口沿暗刻卷草纹，近底部暗刻变体莲瓣纹。胎体洁白坚致，通体施白釉，釉色白中微微泛青。

160. 青花缠枝莲纹碗（明）

Blue-and-white bowl with a character "*fu*" in the central inside and bird-and-flower motif on the exterior

Ming dynasty

口径12、圈足径5.1、高5.4厘米，赤城县博物馆藏。

1992年赤城县马营乡车家沟明代中期王佐墓出土。敞口，尖圆唇，弧腹，圈足。外壁绘缠枝莲纹，碗中心双圈内草书"福"字。青花色泽深沉，釉色白中微微泛青。

161. 青花松鹤纹方盘（明）

Blue-and-white square dish with crane-and-pine motif

Ming dynasty

边长8.9、底径5.9、高2.1厘米，宣化区文保所存。

宣化地院窖藏出土。盘呈方形，四角委回，浅斜腹，圈足。口沿饰花卉纹一周，盘内饰松鹤纹。全身施白釉。

162. 青花树石栏杆纹盘（明）

Blue-and-white dish with railing-and-tree motif

Ming dynasty

口径13.9、圈足径7.8、高3厘米，宣化区文保所存。

宣化地院窖藏出土。敞口，浅腹，圈足。器内底部饰树、石、栏杆纹，器外饰花卉纹。全身施白釉。

163．青花高足杯（明）

Blue-and-white stem cup with flower-and-figure painting

Ming dynasty

口径8、圈足径4、高8.5厘米，蔚县博物馆藏。

旧藏品，失出土地点。敞口，深斜直腹，高圈足，圈足底部露胎。器身绘花卉人物故事图。釉色白中泛青。

164. 褐釉印花提梁壶（明）

Brown-glazed ewer with eight appliqué chrysanthemum medallions

Ming dynasty

口径12、圈足径17、高31厘米，蔚县博物馆藏。

蔚县涌泉庄任家涧村出土。直口，平唇，斜肩，鼓腹，圈足。圆饼形盖，盖顶有圆纽。肩部置圆形提梁，提梁前有一弯形短流，腹部压印八个菱形图案，菱形内饰菊花纹。通体施褐色釉，盖沿及圈足露胎。

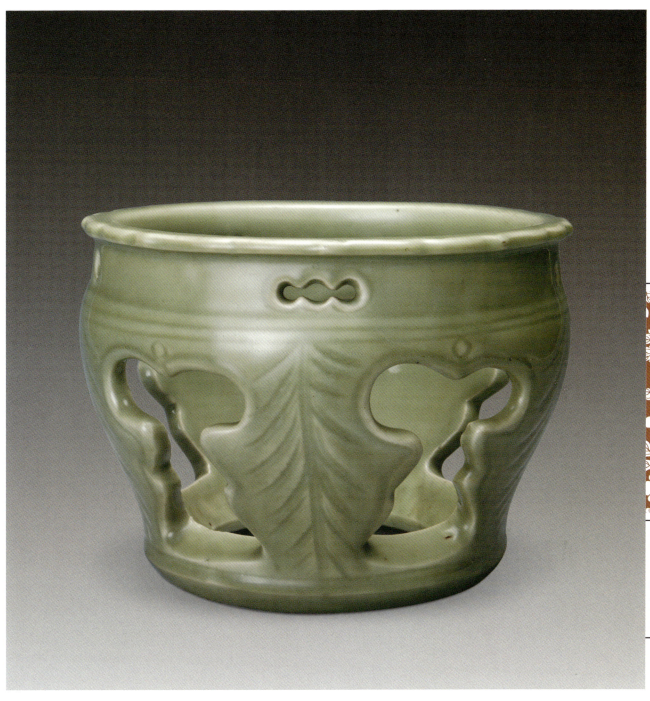

165. 青釉镂空器座（明）

Celadon openwork vessel stand with finely incised plantain décor

Ming dynasty

口径26.3、底径18、底部空心底径13、高18.5厘米，赤城县博物馆藏。赤城县云州乡猫峪村征集。花口，平沿，束颈，腹微鼓，底部镂空。颈部和腹部采用镂空技法装饰，上腹划刻两道弦纹，腹部在镂空间隙划刻叶脉纹。通体施青釉，釉色青中微微泛黄。

166. 青花花卉纹盖罐（清）

Blue-and-white covered jars with flower motifs

Qing dynasty

口径4.5、底径5.3、高11.5厘米，蔚县博物馆藏。

一对。蔚县李堡子魏象枢家族墓地出土。小口，短颈，丰肩，深腹，平底。圆饼形盖，盖顶及腹部用青花绘花卉纹。通体施白釉，口部及底部露胎。

167. 青花冰梅纹罐（清）

Lidded jars with white plum painting and cobalt blue fish scale-like décor under a crackled clear glaze

Qing dynasty

口径2.8、圈足径5.7、高16.5厘米，宣化区文保所存。

一对。旧藏品，失出土地点。直口，丰肩，深腹，圈足。全身饰青花冰梅纹图案。

168. 紫红釉长颈球腹瓶（清）

Purple-glazed vase with long neck and bulbous belly

Qing dynasty

口径10.9、圈足径12.5、高34厘米，宣化区文保所存。1959年宣化居民捐赠。敞口，长颈，球形腹，圈足。肩部饰有两周弦纹。通体施紫红釉，瓶口、腹部有窑变釉出现。

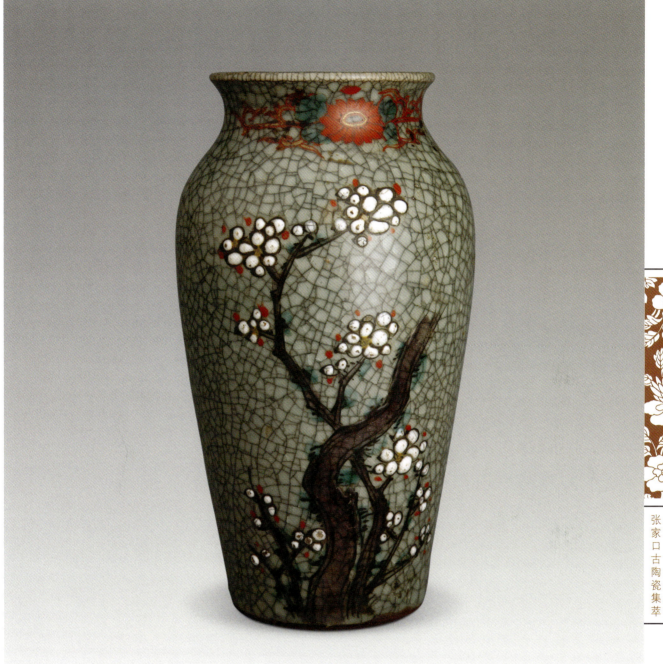

169. 灰绿釉开片瓶（清）

Crackled gray glaze vase with overglaze plum tree and swallows on the belly and red flower and leaves around the neck

Qing dynasty

口径8、圈足径6.8、高18厘米，蔚县博物馆藏。

蔚县博物馆征集。大口，圆唇外侈，束颈，溜肩，深腹斜直至圈足。通体为灰绿色釉开片，腹正面饰干枝梅花图案，腹背面饰两只飞燕，为釉上彩。该器美观，华丽。

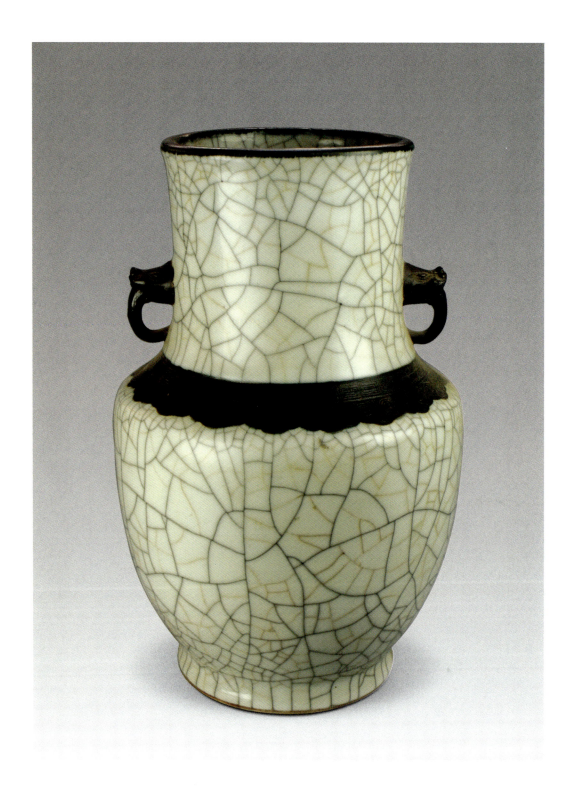

170．灰白釉开片直口瓶（清）

Pale-green glazed vase with straight neck, two elephant handles, and crackles on glaze surface

Qing dynasty

口径14.5、圈足径14、高34厘米，蔚县博物馆藏。

蔚县博物馆征集。直口、高颈、广肩、腹内收、圈足、露胎处出现火石红。双耳呈象头形，肩部为褐色云雷纹图案，器口、耳、肩部为铁花装饰。器身通体为灰白色釉开片，为黑黄相交的冰裂纹，俗称"金丝铁线"。

171. 青花龙纹碗（清）

Blue-and-white bowl with three dragons each playing with a firing orb

Qing dynasty

口径 16.4、圈足径 7、高 8.3 厘米，怀来县博物馆藏。

旧藏品，失出土地点。敞口，圆唇，深腹，圈足。口沿和圈足处分别饰有二条弦纹，腹部饰有行龙三条、火焰纹以及山、石、草叶纹等。

172. 豆青釉五福捧寿盘（清）

Pea-green glazed dish with a circular "*fu* (good fortune)" graph encircled by five bats (homophonous with the Chinese character "*fu*") and eight stylized bats around the rim

Qing dynasty

口径28.5、圈足径4.5、高14.4厘米，宣化县文保所存。

旧藏品，失出土地点。花口，折沿，浅腹，圈足。盘心有五个蝙蝠围着一个"寿"字，俗称"五福捧寿"。通体施豆青色釉。

173．青花山水炉（清）

White burner with underglaze cobalt blue landscape and brown glazed rim and base

Qing dynasty

口径20、圈足径13、高8.8厘米，蔚县博物馆藏。

蔚县博物馆征集。敛口，沿面较平，束颈，深腹，圈足。沿面、圈足呈褐色，俗称"铁花"，沿面上有回弦纹一圈，器表为青花山水图案。器身庄重，美观。

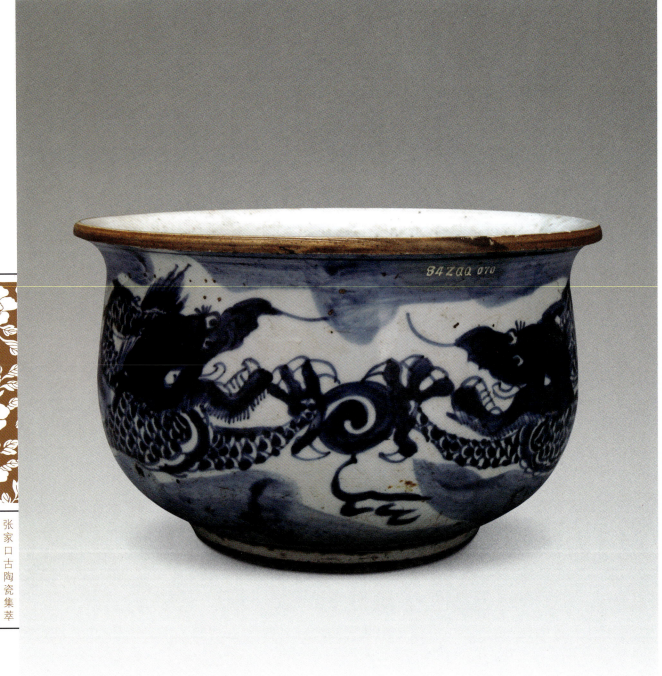

174. 青花二龙戏珠炉（清）

Blue-and-white burner with two dragons pursing a firing orb

Qing dynasty

口径23.5、圈足径13.5、高14.5厘米，涿鹿县文保所存。

涿鹿县文保所征集。侈口，圆唇，束颈，深腹，圈足。器身绘青花二龙戏珠图案。器身庄重，美观。

175. 粉彩百寿图洗（清）

Washer with *famille rose* (*fencai*) peach painting symbolizing wish for longevity and a Tongzhi reign mark in the base

Qing dynasty

口径17、底径18、高16厘米，赤城县博物馆藏。

赤城县赤城镇征集。敛口，圆腹，平底微内凹。口沿处绘如意云头纹一周，腹部满绘桃形图案，俗称"百寿图"，底部有"大清同治年制"款。通体施白色釉。

176. 黑釉睡人瓷枕（清）

Headrest in the shape of a reclining woman with details in black and yellow

Qing dynasty

长40、宽14、高20厘米，蔚县博物馆藏。

1988年蔚县博物馆征集。睡人为清末女装人物。头束双鬓，右侧卧，头枕在手上，手下垫有三盒书，双腿微曲。睡人上着黑衣，黑衣上饰有四朵白花图案，下着褐黄色裤，裤子上饰有三朵白花图案，均为剪纸图案。通体施釉，底露胎。

张家口古陶瓷集萃

177. 黑釉睡人瓷枕（清）

Headrest in the shape of a reclining man with details in black and yellow

Qing dynasty

长40、宽14、高20厘米，蔚县博物馆藏。

1988年蔚县博物馆征集。睡人为清末女装人物。头束单髻，右侧卧，头枕在手上，手下垫有三盒书，双腿微曲。睡人上着黑衣，黑衣上饰有四朵白花图案，下着褐黄色裤，裤子上饰有三朵白花图案，均为剪纸图案，通体施釉，底露胎。

178. 紫红釉卧狮（清）

Pair of purple-glazed lion figurines

Qing dynasty

长 20.8、宽 12、高 32 厘米，宣化区文保所存。

一对。1962 年宣化财政局捐赠。卧式，雌性狮怀中抱一只小狮子，雄性狮抱
一绣球，侧首相望。两狮通体施紫红釉，釉中透白。

179. 绿釉瓷鹦鹉（清）

Green-glazed parrot

Qing dynasty

一底径 6、另一底径 7、高 22.5 厘米，赤城县博物馆藏。

一对。赤城县独石口镇征集。鹦鹉嘴微钩，双目圆睁，立于镂空山石上。通体施绿色釉，鹦鹉头顶、嘴、眼、腿部饰褐、黑色釉。

180. 黄釉五彩帽筒（清）

Yellow-glazed hat container with *wucai* (five colors) floral design

Qing dynasty

直径11.5、高27厘米，宣化区文保所存。

1983年宣化下八里村民赠。直口，筒形腹，平底。竹节施黄釉，器身用五彩绘出花卉等图案。为筒形竹节状。

后 记

　　张家口历史悠久，文化底蕴深厚，文物藏品丰富，考古成果丰硕，历史的概貌和古文化发展的脉络清晰。因此，编辑出版文物精品图集，向社会集中展示张家口古陶瓷风采，体味文物大市内涵，是我们多年来所期盼的。

　　关于拟编辑《张家口古陶瓷集萃》一书，近年来，一直在我的脑海里盘旋着，因工作较繁忙而无暇顾及。2007年5月上旬，我在石家庄市河北省文物研究所前所长曹凯先生办公室与他谈工作时，他向我建议："贺所长，你们应该组织编辑一本有张家口自己特色的文物图集。"我便下了决心，时隔一个月，我和副所长王培生商定，由我组织，他来协助，共同完成这项任务。

　　图集编辑工作从2007年6月开始，到出版，前后用了一年的时间。我负责陶瓷器的遴选、图片编排、文稿体例、陶器文字描述、概述，王培生负责瓷器遴选、瓷器文字描述，张苗苗负责文稿打印、校对、图片编排，姚玉柱也参加了文稿的校对和服务工作，由我最后统稿、修改、审定，图片由王培生、姚玉柱和冯国良拍摄，英文器名和年代的翻译由科学出版社文物考古分社王刃余先生承担。由于我们的学识水平有限，加上时间仓促，图集中疏漏与错误在所难免，敬请读者批评指正。

　　《张家口古陶瓷集萃》的编辑与出版工作，得到了河北省文物局、河北省文物研究所、张家口市文化局、张家口市文物局、张北县文物局、宣化区文保所、蔚县博物馆、赤城县博物馆等单位的大力支持。我国著名考古学家、北京大学考古文博学院教授、北京大学古代文明研究中心主任李伯谦先生，在百忙工作中抽暇为本图集作序，是对我们的鼓励、鞭策和期望。河北省文物局副局长谢飞先生、河北省文物研究所前所长曹凯先生对图集的编辑和出版始终给予关心和支持；河北省文物研究所研究员孔哲生先生在文化的称谓上提出了宝贵的意见；河北省文物研究所研究员石永士先生、河北省文物出境鉴定组研究员穆青先生对陶瓷器图稿按器类分别作了认真细致的审改和指导；各收藏单位的文物保管人员，对拍摄图片给予了积极协助和配合。科学出版社文物考古分社社长闫向东和孙莉、曹明明女士为图集出版做出了很大贡献。在此一并致以衷心感谢！

贺　勇

2008 年 3 月 25 日